职业教育会计专业课程改革创新教材

ERP沙盘模拟企业经营实训教程

主　编　崔晓敏　刘洪斌

副主编　谢昆祥　王　早　廖治琼　陈宜军

参　编　何良茜　潘　缘　谭华琳　胡倩倩

　　　　彭　明　张　旭

U0331517

机 械 工 业 出 版 社

本书以全新的教学方式来展开，通过小组讨论、头脑风暴、案例分析、实战演练等体验式教学方法，让学习者集角色扮演与岗位体验于一身，融理论与实践于一体，在仿真的环境下进行市场分析、战略制定、营销策划、生产组织、财务管理等操作，实现对模拟企业的经营管理，参悟科学管理规律，培养团队精神，全面提升管理能力。

本书共分为四个单元：单元一认知 ERP 沙盘讲述了 ERP 沙盘的起源与发展；单元二沙盘模拟企业经营实训操作介绍不仅说明了沙盘模拟企业经营的运行规则，还全面介绍了物理沙盘和电子沙盘的内容与操作；单元三沙盘模拟企业经营实训操作解析，此单元对每一个操作过程都进行了详细的解析，对学习者有很大的帮助；单元四经营战术分析是专业教师对以往实训内容操作和正式比赛的分析与建议，全面、具体地分析了实训操作过程。

本书可作为 ERP 沙盘模拟企业经营实训课程的培训和参考教材，也适合各职业院校中刚刚接触这门课程的初学者使用。

图书在版编目（CIP）数据

ERP 沙盘模拟企业经营实训教程 / 崔晓敏，刘洪斌主编.
—北京：机械工业出版社，2019.6（2023.1 重印）
职业教育会计专业课程改革创新教材
ISBN 978-7-111-62639-8

Ⅰ．①E… Ⅱ．①崔…②刘… Ⅲ．①企业管理—计算机管理系统—中等专业学校
—教材 Ⅳ．① F270.7

中国版本图书馆 CIP 数据核字（2019）第 082024 号

机械工业出版社（北京市百万庄大街 22 号 邮政编码 100037）

策划编辑：李 兴 责任编辑：李 兴 邢小兵
责任校对：张莎莎 封面设计：鞠 杨
责任印制：单爱军

北京虎彩文化传播有限公司印刷

2023 年 1 月第 1 版第 7 次印刷

184mm×260mm · 8.25 印张 · 205 千字

标准书号：ISBN 978-7-111-62639-8

定价：25.00 元

电话服务 网络服务

客服电话：010-88361066 机 工 官 网：www.cmpbook.com
010-88379833 机 工 官 博：weibo.com/cmp1952
010-68326294 金 书 网：www.golden-book.com
封底无防伪标均为盗版 机工教育服务网：www.cmpedu.com

前言
PREFACE

ERP 沙盘模拟企业经营实训课程是近年来在很多职业院校普遍兴起的创新型课程，它集知识性、趣味性、实践性、对抗性和挑战性于一体，使传统灌输式教学模式转变为互动式、体验式教学模式，极大地激发了学生的学习兴趣，提高学生对知识综合运用的能力，培养他们的实践能力、动手能力和未来的就业竞争力，受到广大师生的一致好评。

本书由 ERP 沙盘课程的一线专业教师联合编写，将 ERP 沙盘课程进行了全面的分析与讲解，由浅入深地向学习者介绍 ERP 沙盘的知识与实践。本实训教程围绕 ERP 沙盘模拟企业经营，通过物理沙盘与电子沙盘两种不同形式来开展教学工作，真正实现了教、学、做三合一的教学模式，能够满足 ERP 沙盘课程的教学需要。

本书具有以下特点：

1. 任务式教学

本书由任务描述、知识储备、任务实施和任务拓展等栏目组成，每一个任务又分若干个步骤完成，从而满足了知识储备、活动实施、活动总结、活动检测等学习要求，以便训练学生的操作能力，更好地评价学生实训效果。任务驱动式的编写模式使学生更容易接受，学练互动也更方便教学。

2. 实用性、可行性

本书将枯燥的条文用通俗易懂的语言表达，更能让学生们快速掌握原本不易理解和实施的课程内容。通过导入实际企业案例来进行实训，更符合中等职业学校学生的认知特点，使学生学习的知识更具社会性，贴近实际需要，适应社会的发展。

本书由崔晓敏、刘洪斌担任主编，谢昆祥、王旱、廖治琼、陈宜军担任副主编。参加本书编写的还有何良茜、潘缘、谭华琳、胡倩倩、彭明、张旭。崔晓敏对全书做了统稿和修改。

由于编者水平有限，错误之处在所难免，敬请读者批评指正。

编　者

目录
CONTENTS

单元一
认知 ERP 沙盘

单元导读

　　本单元主要从两个角度认知沙盘，一是沙盘的历史沿革，二是沙盘实训活动的组织要求。沙盘的历史沿革主要是探索其起源、现状及发展，而对于沙盘实训管理的要求分别从现场活动、物理组织、课程组织等方面予以阐述。

学习目标

　　了解 ERP 沙盘的起源、现状，探究沙盘的发展趋势，从现场活动、物理组织、课程组织等方面明确实训要求及组织管理程式，熟悉企业运作流程。

项目一
了解ERP沙盘

本项目主要从沙盘的起源到沙盘跨界运用的历程，再结合 ERP 沙盘学科的发展对 ERP 沙盘予以介绍，来加深学生对 ERP 沙盘的了解，为沙盘模拟企业经营实训提供理论和技术支撑。

任务①
了解 ERP 沙盘的起源

沙盘的起源是沙盘操作的认知基础和思想源泉，是沙盘演变的原动力。

任务描述

👆 内容

沙盘起源于古老的军事领域，在和平年代，它跨越军事，在经济领域得到蓬勃发展。

✌ 要求

用严谨治学的学术态度厘清沙盘的历史演变脉络，用变通的思路把沙盘的起源与现代 ERP 沙盘的发展联系起来。

知识储备

了解沙盘起源的目的是服务于 ERP 沙盘模拟实训，因此需要有 ERP 培训的需求以及培训需求中各类调研的相关理论。

任务实施

沙盘，英文 Sandbox，也叫沙箱，是在一个容器内，里面所做的一切都可以推倒重来。正因如此，军事上常用沙盘来进行一些战争的模拟演练。

在军事上根据地形图、航空照片或实地地形，按一定的比例，用泥沙、兵棋或其他材料堆制而成的地形及其他模型来模拟战场的地形及武器装备的部署情况，结合战略与战术的变化来进行推演。战争沙盘模拟推演跨越了通过实兵军演检验的巨大成本障碍和时空限制，在重大战争战役中得到普遍运用，尤其是在第二次世界大战中，其推演效果被发挥到了极致。

经过后来不断地发展演变，衍生出了地形沙盘、建筑模拟沙盘、工业地形沙盘、房地产沙盘、企业经营沙盘等。

对于企业而言，商场如战场，借鉴沙盘推演在军事上的成功经验，人们开发了企业沙盘。沙盘模拟企业经营就是利用上述理念，采用现代沙盘情景教学模式，来展示企业经营和管理的全过程。

用物理模型或道具演示企业的整个运营过程，称之为物理沙盘，如图1-1所示。如果将整个企业经营过程搬到虚拟世界中实现，即通过计算机中的虚拟数字来代替货币、设备、厂房、原材料、产品，用计算机网络之间的数字交换代替企业和企业之间及企业和供应商、客户之间的贸易或买卖过程，则称之为电子沙盘。物理沙盘中最具代表性的是1978年瑞典皇家工学院的Klas Mellan开发的ERP沙盘。

图1-1 物理沙盘

任务拓展

从沙盘演变到ERP沙盘，由军事领域拓展到生产领域、贸易领域甚至教育领域，这些变化为我们了解沙盘以及研究与应用沙盘提供了方向和思路。

ERP沙盘

ERP是Enterprise Resource Planning的缩写，意思就是资源合理利用和管理的过程。ERP沙盘是企业资源规划沙盘的简称。

企业资源规划，就是利用计算机（即网络信息系统）将各种资源（包括厂房、设备、原材料、资金、信息以及企业上游的供应商和下游的客户）加以整合的过程，目标就是在资源给定的情况下，追求尽可能大的产出，其本质上是资源的合理利用和管理的过程，因此又被称为ERP。

ERP沙盘的最初形式是物理沙盘，之后被软件公司将其电子虚拟化，开发出了ERP电子沙盘，即 ERP 沙盘软件。究其实质，ERP 沙盘就是将企业的主要业务流程浓缩在整个沙盘上，利用实物沙盘直观、形象地展示企业的内部资源和外部资源。包括厂房、设备、仓库、库存物料、资金、职员、订单、合同等各种内部资源，还包括企业上下游的供应商、客户和其他合作组织，以及为企业提供各种服务的政府管理部门和社会服务部门等外部资源。ERP 电子沙盘指的是 ERP 沙盘模拟仿真软件工具。

任务② 了解 ERP 沙盘的现状与发展

了解沙盘的现状与发展有助于增强对 ERP 沙盘模拟实训的理解与掌握。

任务描述

内容

主要介绍 ERP 沙盘在国内外众多领域发展的现实状况，侧重分析将沙盘应用到财经商贸专业教学中的现实意义。

要求

把 ERP 沙盘的理论研究与企业实训联系起来。

知识储备

1. 熟悉沙盘演变的经纬。
2. 知晓财经商贸专业的教学实情。
3. 能把沙盘理论与财经商贸专业教学结合起来。
4. 熟悉 ERP 沙盘模型和模拟实训教程。

任务实施

一、ERP 沙盘的现状

目前，ERP 沙盘风靡全球，席卷企业、院校及众多培训机构。
ERP 沙盘已经成为世界数百家知名企业广泛采用的一种经理人培训方法。

国际上许多知名的商学院（例如哈佛商学院、瑞典皇家工学院等）和一些管理咨询机构都在用ERP沙盘模拟演练，对职业经理人、MBA、经济管理类学生进行培训，以期提高他们在实际经营环境中决策和运作的能力。

我国北京大学、清华大学等数十所高等院校也将沙盘模拟系列课程纳入其MBA、EMBA等中高层经理人在职培训的教学之中。众多本科院校、高职院校也陆续引进沙盘模拟课程以供管理课程教学所用，大多数有前瞻性的中职财经类院校正在或即将将其纳入自己的教学、培训课程。

各软件开发公司也为沙盘模拟的应用和推广做着自己的努力，截至2016年，这些软件公司连续多年积极支持并参与了多届全国大学生ERP沙盘对抗赛和全国中职学生手工记账大赛。

二、ERP沙盘的发展

ERP沙盘的发展大致经历了如下几个阶段：

第一阶段 起源

ERP沙盘起源于古代军事领域，前线军事指挥员会利用地形模型研究作战方案。在中国历史上有记载的最早沙盘可能是在东汉时期。东汉名将马援曾经被汉光武帝刘秀派去侦察陇西，回来后就用白米堆成山川地势、道路分布，给刘秀讲解陇西形势。这是最早有记录的沙盘。军事沙盘模型如图1-2所示。

图1-2 军事沙盘模型

第二阶段 拓展到教育领域，应用于教学

1978年瑞典的Klas Mellan开发了沙盘模拟训练课程并在之后迅速风靡全球，沙盘模拟演练课程甚至成为欧、美、日等发达国家的众多大中型企业中高层管理人员的必修课程，成为欧、美工商管理硕士的核心课程，成为世界500强企业中高层管理人员经营管理能力培训的首选课程。

20世纪80年代初期，沙盘模拟训练课程被引入国内，率先在企业的中高层管理人员培训中使用并快速拓展到大学、职业院校。北京大学、清华大学、浙江大学、中国人民大学、上海交通大学等高等院校先后将系列沙盘模拟培训课程纳入其管理课程的教学计划之中。

21世纪初，一些具有战略远见的软件公司将沙盘实验引入我国高校的ERP教学实践中，而后国内一些知名软件厂商也开始积极探索沙盘模拟，推出相应的ERP沙盘模拟工具。

第三阶段 广泛推广

目前，ERP沙盘在全球范围内以多种形式推广到很多领域，不仅涵盖生产经营型企业，还深入高等学府、职业院校以及一些培训机构；不仅涉及生产、经营、贸易、管理的过程和方法，还囊括了教学、培训、比赛的形式和平台软件。具有示范意义的案例有始于1980年的国际企业管理挑战赛（GMC），中国大陆赛区的比赛就有近百支参赛队参加，包含了大多数提供 MBA 学位教育的国内著名的管理学院。

早期的 ERP 沙盘软件主要从美国、加拿大、德国、日本等国家引进，这些英文界面的模拟软件在使用时有很大的局限性，于是中文版软件在这种背景下由国内科研人员研发出来且不断完善成熟迅速推广并占据主要市场份额。

任务拓展

ERP 沙盘最大的社会贡献就是各领域深入推广。对于中职学校而言，沙盘推广到财经商贸专业的实训教学、推进和拓展财经商贸专业的教学方法、加强财经商贸专业的理论联系实际、提高学生的理论水平和实操能力具有重要的现实意义和重大的促进作用，具体体现在以下几方面：

1. 有利于改革教学方式

ERP 沙盘作为一种体验式的教学，是对传统教学方式的重要补充，是新型现代化的教学方式和手段。

2. 有利于理论联系实际

ERP 沙盘模拟企业经营课程是通过学生的亲身体验，利用一系列动态案例，通过持续不断地分析与决策来获得知识，进行有决策的结果反馈。学生将课堂上所学的各种知识，包括战略管理、市场营销、生产运行、财务会计以及物流管理等，应用到经营过程中，让学生把企业经营的理论、方法与实践操作紧密地结合在一起。这种沙盘模拟教学融理论与实践于一体、集角色扮演与岗位体验于一身，可以使学员在参与、体验中完成从知识到技能的转化。

3. 有利于认知和熟悉企业

ERP 沙盘有利于了解企业的组织机构设置、各管理机构的职责和工作内容，对未来的职业方向建立基本认知；通过模拟企业环境，能使学生理解企业经营的基本要素，掌握企业经营的基本逻辑，掌握企业经营的基本方法，学会分析企业经营数据，理解团队合作价值，体验企业经营风险，感悟企业经营理念；通过模拟企业经营，了解企业管理体系和业务流程，理解物流、资金流、信息流的协同过程，从而进一步认知企业的战略管理、营销管理、生产管理、财务管理、人力资源管理、信息管理。

4. 有利于培养学生的职业素养

在 ERP 沙盘模拟中，学生经历了一个从理论到实践再到理论的上升过程，把亲身经历的宝贵实践经验转化为全面的理论模型。学生借助 ERP 沙盘推演自己的企业经营管理思路，每一次的案例分析及基于数据分析的企业诊断，都会使学员受益匪浅，达到磨炼商业决策敏感度、提升决策能力及增强长期规划能力的目的。

5. 有利于建立新型的师生关系

这门课程也改变了传统教学中的师生关系，教师不仅仅是知识的讲解者，而是成为学生自主学习的引导者；学生不再是被动地接受知识，而是主动地去分析、思考解决所面临的问题。

6. 有利于全面提高学生综合素质

ERP沙盘模拟企业经营课程不仅整合了专业知识，还通过团队建设、模拟经营，树立全局观念和团队合作观念，还能使学生真正身临其境地感受到企业在直面市场时的精彩和残酷，学会承担责任和风险，从而强化学生的管理知识，训练管理技能，更能充分调动学生自主学习的能动性和创造性，塑造学生诚实守信的品格，提高其经营管理素质和综合能力。

项目二 实训要求与组织管理

本项目详细地介绍了ERP沙盘实训要求与组织管理目标，这对学生正确认识和理解沙盘的操作原理、掌握ERP沙盘的操作技能，对提升实训效果、加强组织管理都有积极的作用。

任务描述

内容

熟知和掌握与ERP沙盘实训相关联的基础知识是实训的前提，构建健全的ERP沙盘实训管理制度与管理模式是实训的保障。ERP沙盘实训的管理内容包括实训的通盘设计、实训的内容、实训的安排、实训的流程及实训的环境等。

要求

1. 做好ERP沙盘课程内容、形式、流程的设计和安排，落实好实训环境的布置、实训的组织管理，保证实训的顺利进行，符合实训的设计目标。

2. 能够将课程理论与综合实践技能的培养有机结合起来，能够将课程理论、实训技能用于企业顶岗实习。

知识储备

ERP沙盘实训者需要学习并掌握《基础会计》《人力资源管理》《市场营销》《管理学原理》《财务管理》《市场调查与预测》《生产运作管理》《企业战略管理》《商务谈判》等知识。

任务实施

一、实训要求的主要内容

实训要求主要有思想认识、基础知识和组织管理三方面内容。

（1）思想认识要求：通过实训学习，在思想认识上要了解 ERP 相关概念以及沙盘模拟培训道具，认清沙盘模拟企业与真实企业之间的关系，认识了解所担任角色的任务、作用和职责；要对企业的创立、企业的组织架构、企业的基本运行流程以及经营理念有全面的了解；要能掌握市场规则、企业经营规则、生产计划、订单选择等，能够编制财务报表。

（2）基础知识要求：一般来讲，ERP 实训课程是在学习了《基础会计》《管理学原理》《财务管理》《市场调查与预测》《生产运作管理》《商务谈判》等 10 余门理论课程的基础上开设的，实现对综合实践技能的培养，其后续主要学习《企业战略管理》《人力资源管理》《市场营销》等课程，并在各企业进行顶岗实习。

（3）组织管理要求：在进行 ERP 实训之前，除了做好思想、知识准备以外，还要打造适宜的实训环境，组建实训的模拟企业，确定目标，明确职责，对实训管理有充分的准备。

为保证实训准备充分、推进有序、富有成效，务必从理念设计、课程开设、课程安排、实训内容、实训程序、实训形式、实训环境等方面加强实训的组织管理。

通过实训，理解企业的初始设定，掌握企业内部职能部门的划分以及各部门职员的职责，了解和掌握沙盘模拟的活动规则，熟悉理解企业系统经营流程，掌握流程中所涉及的业务操作，熟练掌握各种表格的编制方法。

实训结束还要做好实训总结，在回顾沙盘模拟课程的理性思考中，开启新一轮的学习，通过实训激发学习专业课的兴趣，理论联系实际，学以致用。

二、组织管理及其具体要求

（一）ERP 沙盘课程设计

沙盘训练课程设计包括课程简介、课程价值和课程主体三个部分。

其中，课程主体主要包括以下内容：①公司背景介绍；②公司管理团队组建；③企业运营规则介绍；④电子沙盘引导；⑤企业经营竞争模拟；⑥现场解析与评价。

（二）ERP 沙盘课程开设的要求

把参加训练的学生分成 4～6 组，每组 4～5 人，每组各代表一个虚拟企业。在训练中，每个小组的成员将分别担任公司中的重要职位。

每一轮模拟结束之后，实训指导教师都要进行综述与分析，把学生从实际工作中总结的一些经验方法、思维方式进行知识整理，并引导学生进入更高层面的思考。

在课程结束时，学生应能达到以下目标：

1. 初级目标

（1）了解 ERP 相关概念以及沙盘模拟培训道具。

（2）理解企业的初始设定，掌握企业内部职能部门的划分以及各部门职员的职责，同时熟悉相关专业名词的含义。

（3）理解沙盘活动规则的重要性，掌握企业物流运作的规则、企业财务管理和资金流控制运作的规则以及企业生产、采购、销售和库存管理的运作规则。

（4）熟悉企业经营流程，根据自己在团队中担任的角色，掌握流程当中所涉及的业务操作。

（5）熟练掌握订单登记表、产品核算统计表、综合费用表、利润表以及资产负债表的编制。

2. 高级目标

（1）掌握融资方式，熟悉采购计划和生产计划的编制。

（2）掌握如何进行现金流的预算；进一步了解编制计划和管理控制的重要性。

（3）掌握如何进行精细化管理，如何降低企业的运营成本从而增加企业利润，比如融资方式的选择、产品组合的选择、广告策略的把握等。

（三）ERP沙盘课程安排

ERP沙盘课程安排见表1-1。

表1-1 ERP沙盘课程安排

序 号	项 目	课 程
1	课程的目的	通过本任务的学习，使学生了解企业的初始设定，掌握企业内部职能部门的划分以及各部门职员的职责；同时熟悉相关专业名词的含义
2	角色与管理团队建设	角色职能团队构建，学生自主竞聘总经理等各个岗位角色，组建模拟企业
3	规则讲解	对ERP沙盘模拟过程中的生产线费用与周期等的十多条企业经营规则以及各种表格填制的方法进行讲解，使学生在此后"六年"的经营过程中有章可循
4	起始年引导	初始状态的设定：现金、应收款与设备价值、起始年末的财务状况 模拟企业第0年（也称起始年）的经营过程，使各小组对模拟企业的运营流程有一个较深入的认识；同时，填制订单登记表、产品核算统计表等表格，理解和消化模拟企业的运营规则，为此后"六年"的模拟经营打下坚实的基础
5	第1年运作规划	通过对模拟企业经营规则的介绍，模拟企业第0年的运营，开始真正进行第1年的运营。在第1年的经营里，要制订包括广告投入、订单等整个企业"六年"的长期发展规划，熟练掌握运营流程和运营规则及进行运营规则的补充完善。编制产品核算统计表，分析本公司产品的市场占有率、本年度公司的市场投入与收益比重等
6	第2年运作规划	模拟企业第2年的经营，要求会制订包括物料需求计划等年度经营计划，在熟练掌握经营规则的基础上，学会一些模拟企业经营的技巧；同时，掌握编制产品核算统计表、现金流量表等各种表格的方法
7	第3年运作规划	第3年经营过程中，掌握市场需求预测，明智地融资投资，掌握生产计划制订以及生产、采购、销售、财务等各个环节相互衔接的方法以避免采购的盲目性，控制现金流，控制直接成本
8	第4年运作规划	这一年要求深刻总结过去的经验教训，分析销售利润率、资产周转率、毛利率、负债与所有者权益的比率等关键指标，制订好未来三年的中期计划
9	第5年运作规划	经过第4年的苦苦挣扎，第5年的经营要求在过去四年的基础上，进行成本核算、评估现有产品的获利能力和资产的回报率、进行战略目标分析，把模拟企业朝更好的方向推进
10	第6年运作规划	第6年，模拟企业运营的过程已经基本结束，要求对经营模拟的情况进行总结分析，评估资产回报率，总结企业经营经验教训
11	第7年运作规划	总结在整个经营模拟过程中的经验教训、心得体会以及思想感悟，为实训总结报告做好铺垫，找出增加模拟企业价值的一条行之有效的路径

（四）ERP 沙盘实训内容

ERP 模拟对抗课程的背景设定为一家已经经营若干年的生产型企业，模拟内容分为整体战略、产品研发、设备投资、生产能力规划、市场与销售、资金需求规划、财务经济指标分析、团队沟通与建设等多个方面。

实训课程的内容主要包括以下几方面：

1. 整体战略

企业的整体战略，包括产品战略、市场战略、竞争战略及资金运用战略等。从最初评估内部资源与外部环境，长、中、短期的战略制订到预测市场趋势、调整既定战略直到最后的战略目标达成分析，经过几年的模拟、探索，最终学会用战略的眼光看待企业的业务和经营。

2. 产品研发

通过 ERP 沙盘模拟的盘面分析，时刻跟踪企业运行状况，做出产品研发决策；在对企业运营进行跟踪调研控制的过程中及时修改研发计划，甚至中断项目决定。

3. 设备投资与生产能力规划

在模拟实训中，首先选择获取生产能力的方式（购买或租赁），把企业的设备更新与生产线改良、采购管理、全盘生产流程调度决策、匹配市场需求、交货期和数量及设备产能、库存管理及产销配合等内容统一纳入到生产管理领域。

4. 市场与销售

市场营销的实质就是满足客户需求的过程。在模拟企业市场竞争对抗中，学会如何分析市场并进行市场开拓决策、新产品研发与产品组合决策以及市场定位决策。在短兵相接的竞标过程中，关注竞争对手，刺探敌情，抢攻市场；同时把握消费者需求，制订营销战略，定位目标市场，制订并有效实施销售计划，建立并维护市场地位，必要时做出退市决策，最终达成企业战略目标。

5. 资金需求规划与财务经济指标分析

在沙盘模拟过程中，要熟练掌握资产负债表、利润表的编制，分析财务报表，掌握报表重点与数据含义，运用财务指标进行内部诊断，评估决策效益，协助管理决策。掌握资本流转如何影响损益，如何以有限资金转亏为盈，创造高利润。预估长短期资金需求，寻求资金来源，掌握资金来源与用途，妥善控制成本。深刻理解现金流对企业经营的影响，洞悉资金短缺前兆，以最佳方式筹措资金，控制融资成本，提高资金使用效率。

6. 团队沟通与建设

在模拟对抗实训过程中培养团队合作意识与团队合作精神，体会团队协作的重要性。学习如何在立场不同的各个部门间进行沟通协调，培养各部门的共同价值观与经营理念，建立以整体利益为导向的组织构架，认识到各自为战将会导致效率低下、无效沟通引起争论不休、职责不清导致秩序混乱等情况，使学员深刻地理解局部最优不等于总体最优的道理，学会换位思考；进一步认识到在企业运营中，只有在大家有着共同愿景、共同的绩效目标，遵守工作规范，彼此信任支持，各司其职，团结协作，企业才能赢得竞争，实现目标，取得最终的成功。

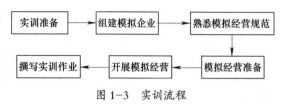

（五）ERP 沙盘实训程序

实训可以采取手册的形式进行，在手册的架构下来实施具体项目的训练。

在正式展开沙盘模拟实训前，要充分做好知识储备和思想准备，按如下程序展开训练，如图1-3 所示。

实训准备 → 组建模拟企业 → 熟悉模拟经营规范

撰写实训作业 ← 开展模拟经营 ← 模拟经营准备 ← 熟悉模拟经营规范

图 1-3　实训流程

（六）ERP 沙盘实训环境

1. 座位管理

为提高座位资源的利用率，便于实训中各个单元能分工协作、便利高效，因此，需要对各实训单元进行空间位置的布局调配。座位管理在图书馆、影院、科研院所等场所运用较广，并且实现了从座位资源的人工管理到计算机网络化管理的转变。

ERP 沙盘模拟一般要求实验室场地宽敞明亮，能够容纳6组学员同时训练，面积在100～160平方米，并且教室横向宽度不小于5米。

桌椅一般按照鱼骨或者其他形式摆放6组（或其他），每张桌子摆放6～7把椅子，如图1-4所示。

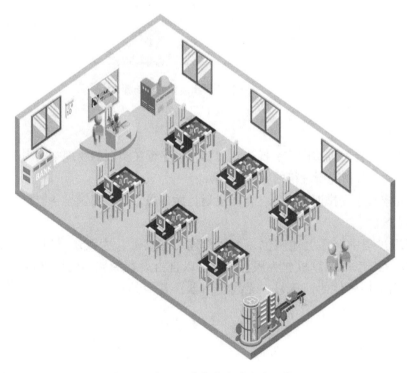

图 1-4　企业经营实战演练的座位管理

2. 盘面管理

盘面管理是对 ERP 沙盘盘面的布局、功能等情况所进行的规划、说明。

要求盘面规划科学合理，盘面说明逻辑清楚、内容简明。

盘面配置主要包括：沙盘主盘、生产线模板、产品标识、订单、代金币、币桶、桶架、纸盒、包装箱、生产准入证等，如图 1-5 所示。

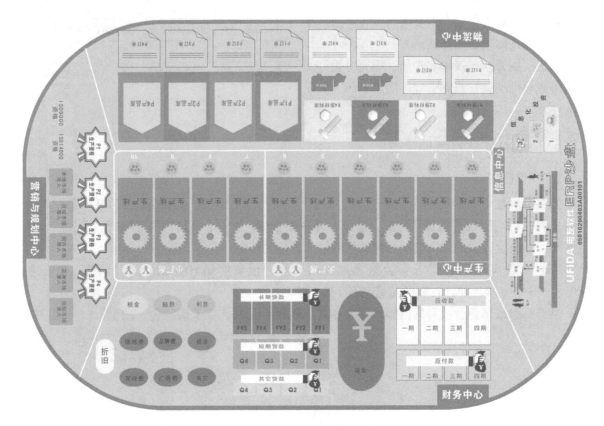

图 1-5　企业经营实战演练的盘面管理

3. 平台管理

平台管理指的是针对训练内容、操作流程等各种配置在实训的物理空间内围绕盘面上下的立体布局、功能使用等情况所进行的规划、说明。

平台管理要求科学安排训练内容，合理规划盘面布局，合理安置设备器材，以便于实训管理，提高实训成效。

在平台管理过程中，在上述座位、盘面管理的基础上，大致还有以下的考虑：一台安装有企业版 SQL 2000 的计算机作为服务器；可以自由设置局域网的网络设备，如路由器、网线、带操作和实训软件的计算机、无线路由器；其他如音响、投影仪、话筒、排插、打印机等设备。

任务拓展

在沙盘实训及其管理过程中，要注重实训体验和技能的收获与掌握。实训体验主要是实训中的快乐体验、认知体验、做中学的体验。实训技能的收获与掌握主要表现为战略管理、营销管理、生产管理、财务管理、人力资源管理、信息管理等管理能力的提升。

本项目所展示的企业实例，旨在帮助学员深入了解公司背景、公司组建及经营状况。

任务描述

借助企业实例，熟知企业采购、生产、销售、库存管理、物流运作的规则及企业财务管理、资金流控制运作规则，明确实训课程安排、角色介绍、座位安排、企业背景、企业任务等。

内容

熟悉实例企业的产品、市场、企业财务状况、企业经营流程及管理。

要求

1. 了解企业的初始设定，掌握企业内部职能部门的划分以及各部门职员的职责。
2. 了解企业经营流程，理解流程当中所涉及的业务操作。

知识储备

1. 具备经管类课程相关知识储备：基础会计、管理学、财务管理、市场营销等。
2. 会使用相关的仪器设备。
3. 具备相关能力：团队合作能力、分析市场能力、计划和控制的能力、现金预算能力、发现问题和解决问题能力。
4. 掌握基本的方法：生产计划编制、采购计划编制和现金流预测等。

任务实施

企业实例 1

一、公司背景

（1）公司现状。

该企业长期以来一直专注于某行业 P 产品的生产与经营，目前生产的 P1 产品在当地市场知名度很高,客户也很满意。同时企业拥有自己的厂房,生产设施齐备,状态良好。最近,一家权威机构对该行业的发展前景进行了预测,认为P产品将会从目前的相对低水平发展为一个高技术产品。为此,公司董事会及全体股东决定将企业交给一批优秀的新人去发展,他们希望新的管理层投资新产品的开发,使公司的市场地位得到进一步提升。开发本地市场以外的其他新市场,拓宽市场领域。扩大生产规模,采用现代化生产手段,努力提高生产效率。

(2)产品市场的需求预测。

P1产品技术水平低,虽然近几年需求较旺,但未来将会逐渐下降。P2产品是P1的技术改进版,虽然技术优势会带来一定增长,但随着新技术出现,需求最终会下降。P3、P4为全新技术产品,发展潜力很大,如图1-6和图1-7所示。

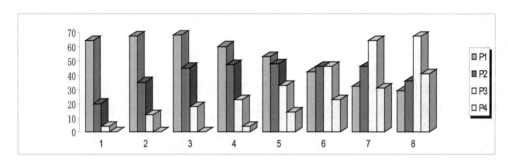

图1-6 产品市场的需求预测

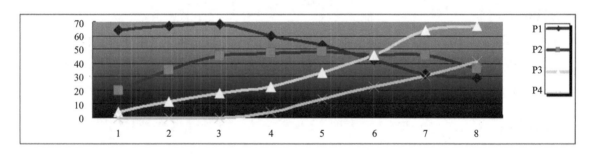

图1-7 产品市场的需求预测

(3)股东期望。

投资新产品P2、P3、P4的开发,使公司的市场地位得到进一步提升;开发本地市场以外的其他新市场,进一步拓展市场领域,扩大生产规模;采用现代化生产手段,努力提高生产效率。

(4)目前的财务状况。

企业目前的财务状况可以通过利润表、资产负债表呈现出来,展示当前的经营状况,便于对公司进行财务分析,进而提出对企业下一步发展的意见和建议,从而提高经营管理的科学性和准确性;便于反思公司的管理工作以及团队协作和计划执行的情况;便于总结经验,吸取教训,改进管理,提高学员对市场竞争的把握和对企业系统运营的认识。从实训角度讲有助于理解企业经营,同时掌握利润表以及资产负债表的编制。利润表、资产负债表见表1-2和表1-3。

表 1-2 利润表 （单位：W①）

项 目	企业经营结果控制	
模拟企业名称		
利润表	年度	
项目	0 年初	本年数
销售收入		
直接成本		
毛利		
综合管理费用		
折旧前利润		
折旧		
支付利息前利润		
财务费用（利息 + 贴息）		
税前利润		
所得税		
净利润		

① W 表示万元。

表 1-3 资产负债表 （单位：W）

资 产	期 初 数	期 末 数	负债和所有者权益	期 初 数	期 末 数
流动资产：			负债：		
现金			长期负债		
应收款			短期负债		
在制品			应付账款		
产成品			应交税金		
原材料			一年内到期的长期负债		
流动资产合计			负债合计		
固定资产：			所有者权益：		
土地和建筑			股东资本		
机器与设备			利润留存		
在建工程			年度净利		
固定资产合计			所有者权益合计		
资产总计			负债和所有者权益总计		

二、公司组建情况

该公司同大多数企业一样，管理团队成员通常为 4～8 人，主要成员及职能定位如下：

（1）总经理（CEO），主要负责制订企业发展战略规划、带领团队共同做出企业决策、审核财务状况、听取企业盈利（亏损）状况。

（2）营销总监（CMO），一方面负责稳定企业现有市场，同时积极拓展新市场；另一方面还要负责销售管理，预测市场，制订销售计划，合理投放广告，根据企业生产能力取得匹配的客户订单，沟通生产部门按时交货，监督货款的回收。

（3）运营总监（COO），是生产计划的制订者和决策者、生产过程的监控者，主要负责企业生产管理工作，协调完成生产计划及维持生产成本，落实生产计划和能源的调度，保持生产正常运行和及时交货，组织新产品研发以及扩充改进生产设备，做好生产车间的现场管理。

（4）财务总监（CFO），主要负责通过财务的手段进行战略层面的操作，把公司推销给投资者，通过兼并收购等方法将公司的战略用最低成本实施出来，编制并实施采购供应计划，分析物资供应渠道和市场变化，为企业做好后勤保障。

企业实例 2

一、企业的经营状况

这是一家处于创业期的生产制造型企业。

1. 企业的发展战略

企业所制订的发展战略包括：确定何时开始研发何种产品，确定何时开始开拓哪个市场；研究在信息时代如何借助先进的管理工具提高企业管理水平；如何增强企业凝聚力，形成鲜明的企业文化；如何加强团队建设，提高组织效率。

2. 企业的产品研发

企业正进行产品升级，P 产品将由初级向高级阶段发展。P2 产品是 P1 的技术改进版，虽然技术优势会带来一定增长，但随着新技术出现，需求最终会下降。P3、P4 为全新技术产品，发展潜力很大。

3. 企业的经营环境

P 产品在本地市场将会持续发展，客户对低端产品的需求可能会下滑。伴随着需求的减少，低端产品的价格很有可能会逐步走低。几年之后，随着高端产品的成熟，市场对 P3、P4 产品的需求将会逐渐增大。同时随着时间的推移，客户的质量意识将不断提高，因此在今后几年可能会对厂商提出通过 ISO 9000 资格认证和 ISO 14000 资格认证等方面的要求。

二、企业运营流程

根据经营的先后顺序，整个经营过程分为以下几个阶段：

1. 组建公司

首先建立公司，注册公司名称，组建管理团队，团队成员进行职能分工，选举产生企业的首任总经理，确立组织前景和使命目标。

2. 经营会议

在对企业所处的宏观经济环境和所在行业特性基本了解之后，公司总经理组织召开经营会议，依据公司战略安排，做出本期经营决策，制订各项经营计划，其中包括融资计划、生产计划、固定资产投资计划、采购计划、市场开发计划、市场营销计划等。

3. 环境分析

进行环境分析的目的就是要努力从近期在外部经营环境、内部运营参数和市场竞争规则等因素中所发生的重大事件里，找出对企业生存、发展前景具有较大影响的潜在因素，然后科学预测其发展趋势，发现环境中蕴藏着的有利机会和主要威胁。

4. 竞争战略

公司根据自己对未来市场的预测和市场调研，本着长期利润最大化的原则，制订和调整公司战略、新产品开发战略、投资战略、新市场进入战略、竞争战略等企业战略。

5. 总监参与

各职能部门总监通过对经营的实质性参与，加深对经营的理解，体会经营短视的危害，树立起为未来负责的发展观，从思想深处构建起战略管理意识，管理有效性得到显著提高。

6. 沟通交流

通过密集的团队沟通，充分体验交流式反馈的魅力，系统了解企业内部价值链的关系，认识到打破狭隘的部门分割、增强管理者全局意识的重要意义。深刻认识建设积极向上的组织文化的重要性。

7. 财务结算

年度周期经营结束之后，盘点经营业绩，填报财务报表，进行财务分析，通过量化管理，提高经营管理的科学性和准确性，理解经营结果和经营行为的逻辑关系。

8. 业绩汇报

公司在盘点经营业绩之后，围绕经营结果召开年度总结会议，由总经理进行工作述职，认真反思本期各个经营环节的管理工作和策略安排，以及团队协作和计划执行的情况。总结经验，吸取教训，改进管理，提高对市场竞争的把握和对企业系统运营的认识。

9. 分析点评

根据公司年度经营状况，对公司经营中的成败因素深入剖析，提出具有指导性的改进意见，并对本期存在的共性问题，进行高屋建瓴的分析与讲解，使管理理念得到梳理与更新，从而提高洞察市场、理性决策的能力。

任务拓展

通过对企业实例的介绍，探索出实训成绩的评价体系，反映实训报告、实训表现、实训心得、实训经营效果，并进一步探索编撰实训教材与实验辅助教学资料。

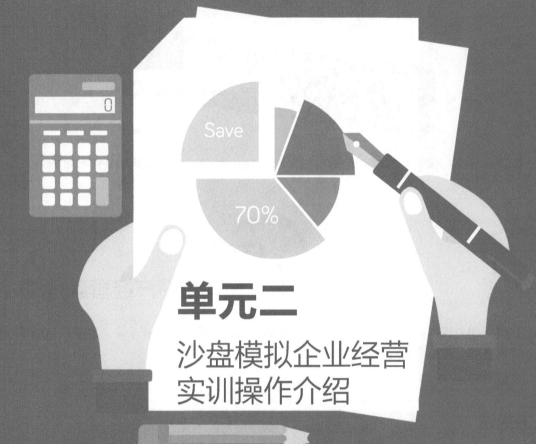

单元二

沙盘模拟企业经营实训操作介绍

单元导读

　　本单元主要了解沙盘活动规则和企业经营实训角色分工。沙盘规则主要学习厂房购买、出售与租赁，生产线的购买、调整与维护，原材料的订购与入库，产品研发，市场开发与 ISO资格认证，长短期贷款、资金贴现与其他融资方式，企业的综合费用与折旧等企业经营运行规则。其中，市场规则将在后面单元学习。企业经营方面主要学习企业的总经理（CEO）、财务总监（CFO）、运营总监（COO）和营销总监（CMO）四个主要角色的分工和职责，以及各角色在企业运营中如何协调与配合。

学习目标

掌握固定资产、生产管理、无形资产与资金筹集等企业经营活动的规则；
理解企业经营中四个主要角色的分工、职责以及相互之间的协调与配合。

项目一
沙盘模拟企业经营运行规则

企业经营运行规则主要让学生掌握固定资产、生产管理、无形资产和资金筹集四部分经营活动的规则。

任务①
掌握固定资产经营运行规则

固定资产相关规则主要指厂房和生产线的规则。不同大赛规则略有差异，以下以2016年全国职业院校技能大赛规则为例介绍。

任务描述

🕹 内容

1. 厂房有大、中、小三类，既可购买也可租赁，购买分别需要现金40W、30W和20W，租赁则只需现金4W/年、3W/年和2W/年。

2. 生产线有手工线、半自动线、全自动线和柔性线，购置费分别为5W、10W、15W和20W。

✌ 要求

1. 根据资金多少和生产规模大小选择厂房，是购买还是租赁，是选用大厂房、中厂房还是小厂房。

2. 根据资金多少、安装和生产周期的长短来选择不同的生产线。

知识储备

固定资产一般指厂房和生产线。企业经营根据现有资金的多少选择购买或者租赁厂房；根据可以容纳的生产线条数来选用大厂房、中厂房或小厂房；根据资金的多少、安装和生产周期的长短以及转产方便与否来选择手工线、半自动线、全自动线或柔性线。

一、厂房规则

各类厂房的买价、租金、售价及生产线容量等规则见表 2-1。

表 2-1 厂房规则表

厂　房	买价（W）	租金（W/年）	售价（W）	生产线容量（条）
大厂房	40	4	40	4
中厂房	30	3	30	3
小厂房	20	2	20	2

二、生产线规则

各类生产线的购置费、安装周期、生产周期等规则见表 2-2。

表 2-2 生产线规则表

生产线	投资总额（W）	每季投资（W）	安装周期（季）	生产周期（季）	转产费（W）	转产周期（季）	维修费（W/年）	残值（W）
手工线	5	5	0	3	0	0	1	1
半自动线	10	5	2	2	1	1	1	2
全自动线	15	5	3	1	2	2	1	3
柔性线	20	5	4	1	0	0	1	4

任务实施

一、厂房规则说明

1. 租用或购买厂房可以在任何季度进行。如果决定租用厂房或者厂房"买转租"，租金在开始租用的季度交付，即从现金处取等量资金，放在"租金费用"处。一年租期到期时，如果决定续租，需重复以上动作。

2. 厂房租入一年后可作"租转买"、退租等处理，如果到期没有选择"租转买"，系统自动做续租处理，租金在"当季结束"时和"管理费"一并扣除。

例如，第 1 年第 1 季度租厂房，则以后每一年的第 1 季度末"厂房处理"均可"租转买"。

3. 新建或租赁生产线，必须要购买或租用厂房，没有购买或租用厂房则不能新建或租赁生产线。

4. 如果厂房中没有生产线，可以选择"厂房退租"。

5. 厂房出售得到 4 个账期的应收款，紧急情况下可进行厂房贴现（按贴现规则第 4 季的贴现率折算），直接得到现金，如厂房中有生产线，同时要扣租金。

6. 厂房使用可以任意组合，但总数不能超过 4 个：如租 4 个小厂房或买 4 个大厂房或租 1 个大厂房、买 1 个中厂房及 2 个小厂房。

二、生产线规则说明

1. 在"系统"中新建生产线，需先选择厂房，然后选择生产线的类型及所生产产品的类型；

生产产品一经确定，本生产线所生产的产品便不能更换，如需更换，需在建成后，进行转产处理。

2. 每次操作可建1条生产线，同一季度可重复操作多次，直至生产线位置全部铺满。自动线和柔性线待最后一期投资到位后，必须到下一季度才算安装完成，才允许投入使用。超级手工线当季购入当季即可使用。

3. 新建生产线一经确认，即刻进入第1期在建，当季便自动扣除现金。

4. 不论何时出售生产线，从生产线净值中取出相当于残值的部分计入现金，净值与残值之差计入损失。

5. 只有空闲的并且已经建成的生产线方可转产。

6. 当年建成的生产线、转产中的生产线都要缴纳设备维护费；凡已出售的生产线和新购买并正在安装的生产线不用缴纳设备维护费。

7. 生产线不允许在不同厂房间移动。

任务②
掌握生产管理经营运行规则

生产管理主要学习产品的组成、原材料采购和紧急采购等方面的内容。

任务描述

📹 内容

产品有P1、P2、P3和P4共4种，根据选择生产的产品及时购买所需要原材料，原材料需要下订单才能采购，且订单有一个提前期，如果采购不及时，就需要多花钱进行紧急采购。

✋要求

1. 根据厂房和生产线的不同来选用单一或多种产品。
2. 根据选用产品及时下订单和采购所需原材料。
3. 因为紧急采购成本高，尽量少用紧急采购。

知识储备

一、产品的组成

R1、R2、R3、R4为生产产品的原材料。P1产品由1个R1组成，P2产品由1个R2和1个R3组成，P3产品由1个R1、1个R3和1个R4组成，P4产品由1个R2、1个R3和2个

R4 组成。

二、原材料采购

采购原材料需经过下原材料订单和采购入库两个步骤，这两个步骤之间的时间差称为订单提前期，各种原材料提前期见表 2-3。

表 2-3　原材料提前期表

名　　称	购买价格（W/ 个）	提前期（季）
R1（红色）	1	1
R2（橙色）	1	1
R3（蓝色）	1	2
R4（绿色）	1	2

三、紧急采购

紧急采购时，原材料的价格是直接成本的 2 倍，即 2W/ 个，在利润表中，紧急采购产生的直接成本仍然按照标准成本记录，紧急采购多付出的成本计入综合费用表中的"损失"项目栏内。

任务实施

1. 没有下订单的原材料不能入库。
2. 所有下订单的原材料到期必须采购入库。
3. 原材料入库时必须到交易处支付现金购买已到期的原材料。
4. 下原材料采购订单时必须填写采购订单登记表，然后携带运营总监的运营记录和采购订单登记表到交易处登记。

任务拓展

关于违约问题

所有订单要求在本年度内完成（按订单上的产品数量和交货期交货），如果订单没有完成，则视为违约订单，按下列条款加以处罚：按违约订单销售额的 20%（四舍五入，每张订单的违约金分别计算）计算违约金，并在当年第 4 季度结束后扣除，违约金记入"损失"。

某比赛小组违约情况，见表 2-4。

表 2-4　订单状态表

U01 订单列表										
订单编号	市场	产品	数量	总价（W）	状态	得单年份	交货期（季）	账期（季）	ISO 资格认证	交货时间
MN-007	本地	P1	4	22	已违约	第 2 年	3	2	—	—
MN-006	本地	P1	5	26	已交货	第 2 年	4	1	—	第 2 年第 3 季
MN-030	区域	P1	6	32	已交货	第 2 年	4	1	—	第 2 年第 2 季
MN-028	区域	P1	3	17	已违约	第 2 年	3	1	—	—

表 2-4 中需缴纳的违约金分别为：22W×20%=4.4W ≈ 4W，17W×20%=3.4W ≈ 3W，合计为 4W+3W=7W。违约订单一律收回。

任务③ 掌握无形资产经营运行规则

本任务主要讲述产品研发、市场开拓和 ISO 资格认证等与无形资产相关的内容。

任务描述

内容

无形资产主要讲述产品研发、市场开拓和 ISO 资格认证等内容。要想生产某种产品，先要获得该产品的生产许可证；而要获得生产许可证，则必须经过产品研发。P1、P2、P3、P4 产品都需要研发后才能获得生产许可，并且研发需要分期投入研发费用才能进行。产品必须进行市场开拓，只有拿到准入证才能参加相应市场的订货会。质量认证完成后可以领取相应的 ISO 资格认证，产品质量得到认可后，产品才能进入市场销售。

要求

掌握产品研发、市场开拓和 ISO 资格认证的基本规则。

知识储备

一、产品研发的规则

不同产品的研发周期是不同的，比如 P1 需要 2 个季度；不同产品的研发费用也不相同，见表 2-5。

表 2-5 产品研发周期费用表

名　　称	研发费用（W/季）	研发周期（季）	加工费用（W）	直接成本（W）	产 品 组 成
P1	1	2	1	2	R1
P2	1	6	1	3	R2+R3
P3	2	6	1	4	R1+R3+R4
P4	3	6	1	5	R2+R3+2R4

二、市场开拓规则

企业经营主要有本地、区域、国内、亚洲和国际 5 个市场，其开拓年限和费用是不同的，见表 2-6。

表 2-6 市场开发周期费用表

市 场	每年开拓费用（W/ 年）	开拓年限（年）	全部开拓费用（W）
本地	1	1	1
区域	1	1	1
国内	1	2	2
亚洲	1	3	3
国际	1	4	4

三、ISO 资格认证规则

ISO 资格认证主要有 ISO9000 和 ISO14000 两类，不同认证的年限和开发费用是不同的，见表 2-7。

表 2-7 ISO 资格认证周期费用表

ISO 资格认证类型	每年开发费用（W/ 年）	年限（年）	全部开发费用（W）
ISO9000	1	2	2
ISO14000	1	3	3

任务实施

1. 产品研发可以中断或终止，但不允许提前或集中投入，已投资的研发费不能回收。如果开发没有完成，"系统"不允许开工生产。

2. 市场开拓无须缴纳维护费，可中途停止使用，也可继续拥有资格并在以后年份使用。市场开拓只有在第 4 季度才可以操作。投资中断时，已投入的资金依然有效。

3. ISO 资格认证无须缴纳维护费，可中途停止使用，也可继续拥有资格并在以后年份使用。ISO 资格认证只有在第 4 季度末才可以操作。

任务④
掌握资金筹集经营运行规则

任务描述

内容

本任务主要学习长期和短期贷款规则、应收账款贴现和出售库存等融资、折旧费用及其他综合费用的计算等内容。

要求

掌握长期和短期贷款、资金贴现和折旧的规则及应用。

知识储备

一、长期贷款、短期贷款、资金贴现和出售库存规则

长期贷款的操作是在每年年初进行，短期贷款则是在每个季度初期进行，二者的年利率和还款方式也不尽相同，详细规则见表2-8。

表2-8　长短期贷款规则表

贷款类型		贷款时间	贷款额度	年利率	还款方式
长期贷款		每年年初	所有长期和短期贷款之和不能超过上年所有者权益的3倍	10%	年初付息，到期还本
短期贷款		每季度初		5%	到期一次还本付息
资金贴现		任何时间	视为应收款额	10%（1季，2季）12.5%（3季，4季）	贴现各账期分开核算，分开计息
库存拍卖	原材料	任何时间	原材料8折（向下取整）		
	产品	任何时间	产品按成本价		

二、折旧费用规则

计提折旧主要针对生产线进行，一般建成当年不计提折旧，第2年开始计提，详细情况见表2-9。

表2-9　生产线折旧计提表　　　　　　　　　　　　　（单位：W）

生产线	投资总额	残值	建成第1年	建成第2年	建成第3年	建成第4年	建成第5年
手工线	5	1	0	1	1	1	1
半自动线	10	2	0	2	2	2	2
全自动线	15	3	0	3	3	3	3
柔性线	20	4	0	4	4	4	4

任务实施

一、长期贷款和短期贷款

1. 信用额度

长期贷款和短期贷款的总额度（即信用额度，包括已借但未到还款期的贷款）为上年所有者权益总额的3倍，长期贷款、短期贷款必须为大于等于10W的整数。

例如，第 1 年所有者权益为 44W，第 1 年已借 5 年期长期贷款 57W（且未申请短期贷款），则第 2 年可贷款总额度为：44W×3-57W=75W。

2. 贷款

（1）长期贷款最长可贷 5 年，每年必须支付利息，到期归还本金。结束当年，不要求归还没有到期的各类贷款。

（2）短期贷款期限为 1 年，如果某一季度有短期贷款需要归还，且同时还拥有贷款额度时，必须先归还到期的短期贷款，才能申请新的短期贷款。

（3）所有的贷款不允许提前还款。

（4）企业间不允许私自融资，只允许企业向银行贷款，银行不提供高利贷。

（5）贷款利息计算时四舍五入。

例如，短期贷款 21W，则利息为：21W×5%=1.05W，四舍五入，实际支付利息为 1W。

（6）长期贷款利息是根据长期贷款的贷款总额乘以利率计算。

例如，第 1 年申请 54W 长期贷款，第 2 年申请 24W 长期贷款，则第 3 年所需要支付的长期贷款利息 =（54W+24W）×10%=7.8W，四舍五入，实际支付利息为 8W。

二、资金贴现

贴现是指将未到期的应收款（商业票据等）向银行通融资金，银行扣除到期以前的利息后的余额支付给收款人（持票人）。应收款分季度计算贴息（向上取整）。

例如表 2-10 中，应收款 1 季贴现额 26W，2 季贴现额 424W，则贴息为：1 账期应收款贴息 =26W×10%=2.6W ≈ 3W，2 账期应收款贴息 =424W×10%=42.4W ≈ 43W，贴息总额 =3W+43W=46W。

表 2-10 贴现表

剩余账期（季）	应收款（W）	贴现额（W）
1	1115	26
2	424	424

三、出售库存

（1）原材料打 8 折出售（向下取整）。

例如，出售 2 个原材料获得 2×0.8W=1.6W ≈ 1W。

（2）出售产成品按产品的成本价计算。

例如，出售 1 个 P2 获得 1×3W=3W。

四、折旧费用

（1）厂房不需要折旧，只对生产线按照平均年限法进行折旧。

（2)生产线建成当年不计提折旧，当净值等于残值时生产线不再计提折旧，但可以继续使用。

五、综合费用

综合费用的项目包括：管理费（1W/季）、广告费、设备维护费、租金、转产费、市场准入开拓、ISO 资格认证、产品研发费、信息费等。每年计算并填制综合费用表，见表 2-11。

表 2-11 综合费用表

项　目	金额（W）	备　注
管理费		
广告费		
设备维护费		
租金		
转产费		
市场准入开拓		□本地　　□区域　　□国内　　□亚洲　　□国际
ISO 资格认证		□ISO9000　　□1SO14000
产品研发费		P1（　　）P2（　　）P3（　　）P4（　　）P5（　　）
信息费		
其他		
合计		

任务拓展

取整规则（均精确或舍到个位整数）如下：

1. 违约金（分别计算）扣除——四舍五入。
2. 库存拍卖所得现金——向下取整。
3. 贴现费用——向上取整。
4. 扣税——四舍五入。
5. 税金：每年所得税计入应付税金，在下一年年初缴纳。所得税税率为 25%，税金取整计算，不足 1W 按 1W 取整，如计算的所得税为 0.66W，则取 1W 交纳所得税；超过 1W 向下取整，如计算出来的所得税为 2.31W，则取 2W 交纳所得税。

关于税金的计算方法如下：

（1）当上年的所有者权益小于 66（初始状态值），税金 =（上年所有者权益 + 本年税前利润 – 第 0 年末所有者权益）×25%（取整）。例如，上年所有者权益为 53，本年税前利润为 15，则本年应交税金 =（53+15–66）×25%=1（取整）。

（2）当上年的所有者权益大于 66（初始状态值），税金 = 本年税前利润 ×25%（取整）。例如，上年所有者权益为 68，本年的税前利润为 15，则本年应交税金 =15×25%=3（取整）。

6. 长期、短期贷款利息——四舍五入。

项目二
沙盘模拟企业经营实训角色分工

沙盘模拟企业经营实训一般将参赛学生分为总经理、财务总监、运营总监和营销总监四个角色进行模拟练习。该项目需要这四个角色分工协作，共同完成，四个角色分工不分家，民主集中，出现意见不统一时，由总经理决定。

任务①
掌握总经理（CEO）的职责

任务描述

内容

总经理（CEO），又称总裁，在企业经营中的职责主要是制订企业发展战略，带领团队共同进行决策，审核财务状况，了解企业盈利（亏损）状况，负责企业全面工作的开展。

要求

了解总经理的重要作用，在沙盘模拟竞赛中总经理发挥着最高职能，如果所带领的团队在模拟对抗中出现意见不一致时，则由总经理决定。

知识储备

总经理的主要职责见表 2-12。

表 2-12　总经理的主要职责

角　色	职　责	使用表单	备　注
总经理	综合小组各个角色提供的信息，决定本企业每件事做还是不做，对每件事情的决策及整体运营负责	经营流程表	初始模拟年由前任总经理辅助现任总经理

任务实施

1. 总经理在沙盘模拟企业经营竞赛中发挥最大作用，制订企业发展战略，带领团队共同做决策，审核财务状况和了解企业经营状况。如果所带领的团队在模拟对抗中意见产生分歧，则由总经理决定。

2. 总经理的战略管理能力、领导方式、洞察能力、思维方式、谋略和掌控环境的能力对企业的运营状况和发展前景起着决定性的作用。

请分析小组 4 个人的特长，找出总经理的最佳人选，并说明理由。

任务②
掌握财务总监（CFO）的职责

任务描述

🕹 内容

财务总监（CFO）的主要职责是筹集和管理资金，做好现金预算，管好、用好资金；支付各项费用，核算成本，按时报送财务报表，做好财务分析。

✊ 要求

了解财务总监在企业经营中的重要作用和主要任务，做好同营销总监和运营总监的协调配合工作。

知识储备

财务总监的主要职责见表 2-13。

表 2-13　财务总监的主要职责

角 色	职 责	使 用 表 单	备 注
财务总监	日常财务记账和登账，向税务部门报税，提供财务报表 日常现金管理，企业融资策略制订，成本费用控制，资金调度与风险管理，财务制度与风险管理，财务分析与协助决策——保证各部门能够有足够的资金支持	综合费用表 利润表 资产负债表 资金预算表	

任务实施

1. 支付税金

物理沙盘操作：财务总监按照上一年度利润表中"所得税"一项的数值取出相应的"现金"放置于沙盘上的"税金"处并做好现金收支记录。

2. 短期贷款 / 还本付息

物理沙盘操作：如果企业有短期贷款，财务总监需将空桶向现金区方向移动一格，移至现金库时，表示短期贷款到期。

还本付息：短期贷款的还款规则是利随本清。短期贷款到期时，每一笔都需要支付利息。

例如，短期贷款 20W，则利息为：20W×5% =1W，本金与利息共计 21W。财务总监从现金库中取出现金，其中 20W 还给银行，1W 放置于物理沙盘上的"利息"处并做好现金收支记录。

3. 更新应收账款 / 归还应付账款

物理沙盘操作：财务总监将"应收账款"向现金库方向推进一格，到达现金区时即成为现金，做好现金收支记录；将"应付账款"向现金区方向推进一格，到达现金库时，从现金库中取现金付清应付账款并做好现金收支记录。

4. 支付管理费

管理费是企业为了维持运营产生的管理人员工资、差旅费、招待费等。财务总监每个季度取出 1W 摆放在"管理费"处，并做好现金收支记录。

5. 长期贷款 / 支付利息

更新长期贷款：如果企业有长期贷款，请财务总监将空桶向现金库方向移动一格，当移至现金库时，表示长期贷款到期。

支付利息：长期贷款的还款规则是每年付息，到期还本，年利率为 10%。财务总监从现金库中取出长期贷款利息置于"利息"处，并做好现金收支记录。长期贷款到期时，财务总监从现金库中取出现金归还本金及当年的利息，并做好现金收支记录。

6. 购买（或租赁）厂房

物理沙盘操作：大厂房为自主厂房，如果本年在小厂房中安装了生产线，此时要决定该厂房是购买还是租赁。如果选择购买，财务总监取出与厂房价值相等的现金置于物理沙盘上的"厂房价值"处；如果选择租赁，财务总监取出与厂房租金相等的现金置于沙盘上的"租金"处。无论购买还是租赁，财务总监应做好现金收支记录。

7. 折旧

物理沙盘操作：财务总监从"设备价值"中取折旧费放置于沙盘上的"折旧"处。

8. 关账

一年经营结束，年终要做一次"盘点"，编制"利润表"和"资产负债表"。

在报表编制完成之后，指导教师将会取走沙盘上企业已支出的各项费用，为来年做好准备。

任务③
掌握运营总监（COO）的职责

任务描述

内容

运营总监（COO），又称生产总监，在沙盘模拟企业经营中是采购和生产计划的制订者和决策者，是生产过程的监控者；负责企业生产管理工作，协调完成生产计划，降低生产成本；落实生产计划和能源的调度，保持生产正常运行，及时交货；组织新产品研发，扩充改进生产设备，做好生产车间的现场管理。

要求

了解运营总监在企业经营中的主要作用和主要任务，做好同营销总监和财务总监的协调配合工作。

知识储备

运营总监的主要职责见表 2-14。

表 2-14　运营总监的主要职责

角　色	职　责	使 用 表 单	备　注
运营总监	制订采购计划，与供应商签订采购合同，监控采购过程，采购支付决策；产品研发与管理体系认证，固定资产和生产线的决策及产成品的管理等	原材料订购表 生产计划表	

任务实施

1. 产品研发投资

（1）规则：产品的研发需要 6 季，每季只能投入一定的费用，不能加速研发；只有在研发完成后才可以进行该种产品的加工生产，没有研发完成的不能开工生产（但可以提前备料）；可以同时研发所有的产品，也可以选择部分产品进行研发；可以在任何时间里停止对产品技术的投资，但已经付出的资金不能收回；如果在停止研发一段时间后想继续研发，可以在以前研发的基础上增加投入。产品研发周期费用见表 2-15。

表 2-15 产品研发周期费用表

产　品	P2	P3	P4
周期（季）	6	6	6
投资（W）	6	12	18

（2）物理沙盘操作：按照年初制订的产品研发计划，运营总监向财务总监申请研发资金，置于相应产品技术投资区，财务总监做好现金收支记录。

2. 更新生产，完工入库

（1）规则：将每个在生产线上的在制品向成品库的方向移动。

（2）物理沙盘操作：更新生产由运营总监将各生产线上的在制品向前推进一格；完工入库中，产品下线表示产品完工，将产品放置于相应的产成品库。

3. 购买 / 转产 / 变卖生产线

购买、转产、变卖生产线的物理沙盘操作如下：

（1）购买生产线：运营总监向供应商购买所需要的生产线，不直接将现金交给供应商，而是按照生产线的安装周期将安装费用放在生产线区域，如果安装完毕，生产线就可以使用了。

（2）转产生产线：将物理沙盘上的转产产品牌换成新的产品牌。

（3）变卖生产线：将不使用的产品线卖掉，把需要卖掉的生产线交给供应商，并取得相应收入，置于现金区。

4. 开始新的生产

（1）生产线的加工费：每条生产线同时只能有 1 个产品在线，产品上线时需要支付加工费。生产线加工费用见表 2-16。

表 2-16　生产线加工费用表　　　　　　　　　（单位：W/个）

产品线 \ 产品	手 工 线	半 自 动 线	全 自 动 线	柔性线
P1	1	1	1	1
P2	1	1	1	1
P3	1	1	1	1
P4	1	1	1	1

（2）物理沙盘操作：这个操作需要运营总监和财务总监共同来完成。运营总监根据产品结构到仓库领取相应原材料，财务总监支付工人的加工费，将原材料、加工费放入小桶中置于生产线上第 1 个生产周期处。

5. 支付设备维护费

（1）规则：每条生产线每年需支付 1W 的设备维护费。

（2）物理沙盘操作：运营总监从财务总监处取相应现金置于沙盘上的"维护费"处，并做好现金收支记录。

任务④
掌握营销总监（CMO）的职责

任务描述

内容

营销总监（CMO）在沙盘模拟企业经营中负责开拓市场，稳定现有市场，积极拓展新市场，预测市场并制订营销计划；合理投放广告；根据企业生产能力取得匹配的客户订单；督促生产部门按时交货；监督货款的回收。

要求

了解营销总监在企业经营中的重要职责和主要任务，做好同运营总监和财务总监的协调配合工作。

知识储备

营销总监的主要职责见表2-17。

表 2-17 营销总监的主要职责

角　色	职　责	使 用 表 单	备　注
营销总监	市场调查与开发，广告投放与订单及销售合同等的控制，按时发货及应收账款的管理，竞争对手情报收集——透彻地了解市场并保证订单及时交付	市场预测表 订单登记表 产品与市场销售核算统计表	

任务实施

1. 制订广告方案

（1）规则：营销总监根据市场预测情况制订各个产品和地区的广告投放计划，每个市场的需求量是有限的，并不是投放广告就能得到订单。

（2）物理沙盘操作：在广告投放完毕后，营销总监向财务总监申请将所投放的广告费总额放到营销区域中。

2. 参加订单竞单

（1）规则：按每个市场单一产品广告投入，企业依次选择订单。如果该市场、该产品广告投入相同，则比较该市场所有产品广告投入之和；如果单一产品所有市场广告投入相同，则比较所有产品、所有市场两者的广告总投入；如果所有产品、所有市场两者的广告总投入也相同，则依据谁优先提交广告方案，谁优先选单。本课程中的订单是以订单卡片形式表现的，订单卡片由市场、产品名称、产品数量、单价、价值总额、账期、特殊要求等要素构成。

标注有"加急"字样的订单卡片要求在每年的第 1 季度交货，延期交货将扣除该张订单总额的 20%（取整）作为违约金；普通订单卡片可以在当年任一季度交货。如果因为产能不够或其他原因，导致本年不能交货，交货时扣除该张订单总额的 20%（取整）作为违约金。

订单卡片上的账期代表客户收货时货款的交付方式，若为 0 账期，则现金付款；若为 4 账期，代表客户 4 个季度后才能付款。

如果订单卡片上标注了"ISO 9000"或"ISO14000"，那么要求生产单位必须取得了相应资格认证，并投放了认证的广告费，这两个条件均具备才能得到这张订单。

（2）物理沙盘操作：营销总监将获得的订单按照货品分类，放到物理沙盘规定的订单区域中。

3. 货物交付

（1）规则：营销总监检查各成品库中的成品数量是否满足客户订单要求，如满足则按照订单交付约定数量的产品给客户。如果是加急订单必须在第 1 季度交货，否则将按订单总额罚款 25%；如果在本年获得的订单不能在当年交货，也将按订单总额罚款 20%。

（2）物理沙盘操作：若为 0 账期订单，营销总监直接将现金置于现金库，财务总监做好现金收支记录；若为应收账款，营销总监将现金置于应收账款相应"账期"处。

4. 新市场开拓 /ISO 资格认证

新市场开拓和 ISO 资格认证的物理沙盘操作如下：

（1）新市场开拓：营销总监向财务总监申请将开拓市场的现金放置在要开拓的市场区域，由财务总监配合做好现金支出记录。

（2）ISO 资格认证：营销总监向财务总监申请将 ISO 资格认证所需要的现金并放置在要认证的区域，由财务总监配合做好现金收支记录。

项目三 掌握物理沙盘语言与盘面

ERP 沙盘由两部分构成，第一部分是物理沙盘（手工沙盘），第二部分是电子沙盘。
物理沙盘是模拟企业经营过程的物理状态，通过台面的摆放，可以直观反映当前企业的经营状态，建议在教学中要求学生按经营流程依次摆放台面，以帮助学生形成企业经营的初步认识。

任务① 掌握物理沙盘语言

任务描述

内容

作为一名合格的沙盘比赛选手，你应该能够一眼看出物理沙盘中各要素所表达的含义。各位同学，带着这个目标去学习吧！

要求

1. 了解物理沙盘语言。
2. 能说出物理沙盘的构成要素并熟知物理沙盘的工具。

知识储备

物理沙盘中的工具：

1. 空桶

空桶表示贷款、原材料订单及容器，如图2-1所示。

例如：第1年第4季短期贷款29W应在盘面短期贷款4R处摆放两个空桶。

某季下了1个P1的原材料——1个R1，则应该在采购区R1订单处摆放一个空桶。

图2-1 空桶

2. 灰币

灰币表示现金。1个灰币代表1W。一个满桶可装载20个灰币，表示20W，如图2-2所示。

例如：初始资金60W，则应在盘面现金处摆放3个装满灰币的桶。

图2-2 灰币

3. 彩币

彩币表示不同的原材料。其中红色代表R1，橙色代表R2，蓝色代表R3，绿色代表R4，如图2-3所示。

图2-3 彩币

创业者沙盘企业的 P 系列产品的人工生产成本都是 1W，这样不同的 P 系列产品再加上 1W 的人工成本，就形成了 1 个 P 系列产品。产品构成如下形式：

P1=1R1+1W，即用 1 个 R1 加 1 个代表人工成本的灰币代表 1 个 P1。

P2=1R2+1R3+1W，即用 1 个 R2 和 1 个 R3，加 1 个代表人工成本的灰币代表 1 个 P2。

P3=1R1+1R3+1R4+1W，即用 1 个 R1、1 个 R3 和 1 个 R4，加 1 个代表人工成本的灰币代表 1 个 P3。

P4=1R2+1R3+2R4+1W，即用 1 个 R2、1 个 R3 和 2 个 R4，加 1 个代表人工成本的灰币代表 1 个 P4，如图 2-4 所示。

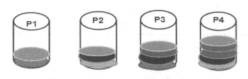

图 2-4　各产品原材料构成图

4. 各种资格认证

（1）产品研发认证。产品研发认证图标如图 2-5 所示。

图 2-5　产品研发认证图标

（2）ISO 资格认证。企业生产的 P 系列的产品，都可以在已经开拓成功的市场上销售，当然，不同市场的个别代理商对企业产品的质量也会提出要求，沙盘模拟提供了两种质量认证：ISO 9000 和 ISO14000，这两种质量认证也要求企业花费时间和资金来取得，成功后，可以取得相应的质量认证资格，如图 2-6 所示。两项认证投资可同时进行或延期，相应投资完成后领取 ISO 资格证。ISO 资格认证规则见表 2-18。

图 2-6　ISO 资格认证

表 2-18　ISO 资格认证规则

管 理 体 系	ISO9000	ISO14000
建立时间（年）	≥2	≥3
所需投资（W/年）	1	1

（3）市场开拓准入资格认证。这 5 个市场需要模拟企业花费时间和资金去开拓，才可以在某个市场上争夺订单，实现销售。当开拓成功后，会取得相应的市场认证。

市场开拓：市场开拓投资按年度支付，允许同时开拓多个市场，但每个市场每年最多投资为 1W，不允许加速投资，但允许中断。市场开拓完成后持开拓费用到指导教师处领取市场准入证，之后才允许进入该市场参与竞单。市场开拓准入资格认证及认证规则见图 2-7 和表 2-19。

图 2-7　市场开拓准入资格认证

表 2-19　市场开拓资格认证规则

市　　场	本地	区域	国内	亚洲	国际
完成时间（年）	≥1	≥1	≥2	≥3	≥4
投资规则（W/年）	1	1	1	1	1

5. 订单

抢到订单可摆放在相应位置。一般物理沙盘不用摆放订单，看电子沙盘订单获取表即可。物理沙盘订单卡片如图 2-8 所示。

图 2-8　订单卡片

任务②
认识物理沙盘盘面

任务描述

内容

物理沙盘盘面包括生产中心盘面、生产线生产盘面、物流中心盘面、原材料采购盘面、财务中心盘面、营销中心盘面、物流中心盘面等。

要求

1. 掌握物理沙盘盘面中各区域的功能。
2. 掌握厂房租售、生产线使用、贷款等各项操作的规则。

知识储备

1. 物理沙盘盘面展示

物理沙盘盘面如图 2-9 所示。

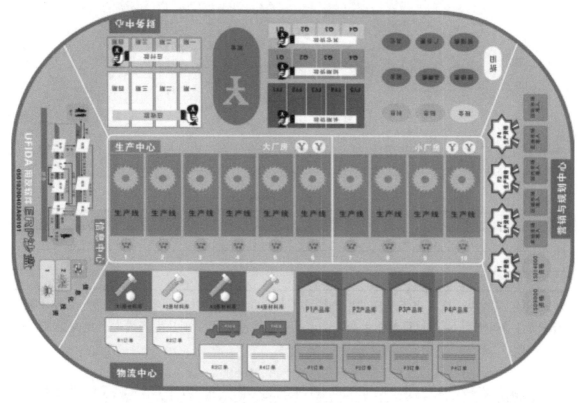

图 2-9　物理沙盘盘面

2. 盘面各个区域的划分

管理人员应根据岗位分工，合理安排座位。基本的原则是：各管理人员应靠近自己的部门来坐，以方便沙盘摆放和操作。角色分工盘面如图 2-10 所示。

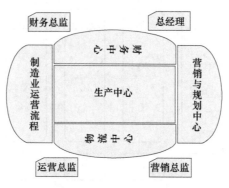

图 2-10　角色分工盘面

3. 盘面各操作区域

（1）生产中心—— 运营总监。

生产中心由运营总监坐镇负责，生产中心盘面如图2-11所示。

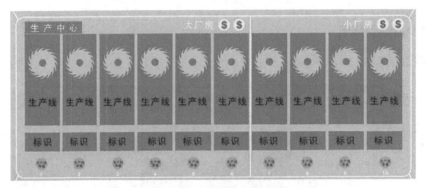

图2-11　生产中心盘面

年底决定厂房是购买还是租赁，购买后将购买资金放在厂房价值处，厂房不计提折旧；租赁厂房每年年末支付租金；出售厂房计入4季应收账款。厂房租售规则见表2-20。

表2-20　厂房租售规则

厂房	买价（W）	租金（W/年）	售价（W）	生产线容量（条）
大厂房	40	4	40	4
中厂房	30	3	30	3
小厂房	20	2	20	2

当年建成的生产线和当年卖出的生产线均不计提折旧；原材料在生产线上无产品时才能上线生产，1条生产线同一时间只能生产1个产品。生产线使用规则及生产线生产盘面见表2-21及图2-12。

表2-21　生产线使用规则

生产线	投资总额（W）	每季投资（W）	安装周期（季）	生产周期（季）	转产费（W）	转产周期（季）	设备维护费（W/年）	出售残值（W）
手工线	5	5	0	3	0	0	1	1
半自动线	10	5	2	2	1	1	1	2
全自动线	15	5	3	1	2	2	1	3
柔性线	20	5	4	1	0	0	1	4

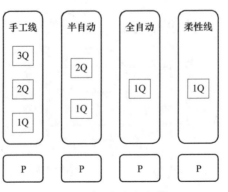

图2-12　生产线生产盘面

（2）物流中心（产品生产及原材料采购）—— 运营总监。

物流中心由运营总监坐镇负责，物流中心盘面如图 2-13 所示。

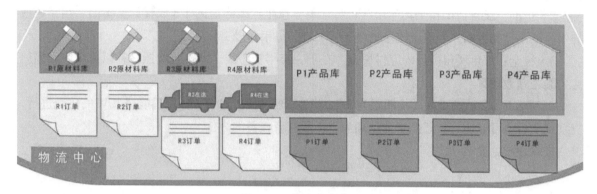

图 2-13 物流中心盘面

采购：根据上季度所下采购订单接受相应原材料入库，并按规定付款或计入应付账款。

用空桶表示原材料订单，将其放在相应的订单上，R1、R2 订购必须提前 1 个季度；R3、R4 订购必须提前 2 个季度。原材料采购盘面如图 2-14 所示。

生产：开始生产时按产品结构要求将原材料放在生产线上并支付加工费，各条生产线生产产品的加工费均为 1W。

注意：各生产线不能同时生产两个产品。

图 2-14 原材料采购盘面

（3）财务中心—— 财务总监。

财务中心由财务总监坐镇负责，财务中心盘面如图 2-15 所示。

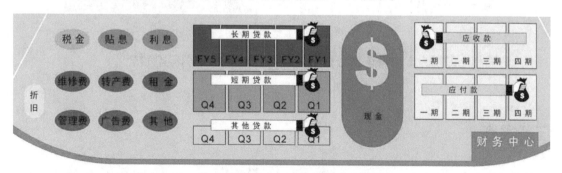

图 2-15 财务中心盘面

1）费用：管理费、广告费、设备维护费、租金、转产费、市场准入开拓、ISO资格认证、产品研发费、其他等计入综合费用。

2）折旧：设备折旧按平均年限法计算，每年按生产线净值的1/3取整计算折旧。当年建成的生产线不计提折旧，当生产线净值小于3W时，每年计提1W折旧。

3）税金：每年所得税计入应付税金，在下一年年初缴纳。所得税按照弥补以前年度亏损后的余额为基数计算。

4）贷款规则：长期贷款最长期限为5年；短期贷款期限为1年。贷款只能按10W的倍数进行，贷款到期后方可返还。长短期贷款总额为当年所有者权益的3倍。

贷款规则见表2-22。

表2-22　贷款规则

贷款类型	贷款时间	贷款额度	年利率	还款方式
长期贷款	每年年末	所有者权益的3倍	10%	每年付息，到期还本
短期贷款	每季度初		5%	到期一次还本付息

（4）营销与规划中心——营销总监。

营销中心由营销总监坐镇负责，营销中心盘面如图2-16所示。

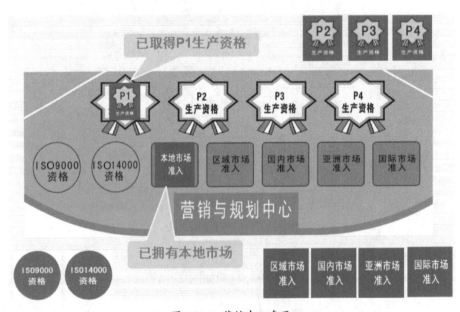

图2-16　营销中心盘面

卡片背面朝上即视为未取得该项资格，正面朝上即视为取得该项资格。

现有一份会计报表（利润表和资产负债表），请在物理沙盘上进行正确摆放，详情见表2-23。

表 2-23　利润表和资产负债表

利润表　（单位：W）		
		0 年初
销售收入	+	35
直接成本	−	12
毛利	=	23
综合管理费用	−	11
折旧前利润	=	12
折旧	−	4
支付利息前利润	=	8
财务费用（利息＋贴息）	+/−	4
税前利润	=	4
所得税	−	1
净利润	=	3

资产负债表　（单位：W）					
资产		0 年初	负债＋权益		0 年初
流动资产：			负债：		
现金	+	20	长期负债	+	40
应收款	+	15	短期负债	+	
在制品	+	8	应付款	+	
产成品	+	6	应交税金	+	1
原材料	+	3			
流动资产合计	+	52	负债合计	=	41
固定资产：			所有者权益：		
土地和建筑	+	40	股东资本	+	50
机器与设备	+	13	利润留存	+	11
在建工程	+		年度净利	+	3
固定资产合计	=	53	所有者权益合计	=	64
总资产	=	105	负债＋权益	=	105

（1）生产中心。生产中心盘面如图 2-17 所示。

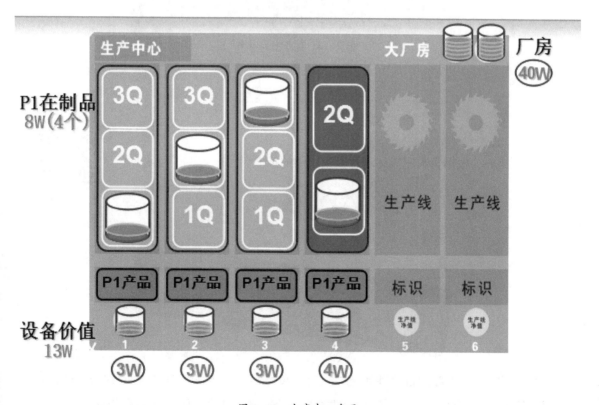

图 2-17　生产中心盘面

（2）物流中心。物流中心盘面如图 2-18 所示。

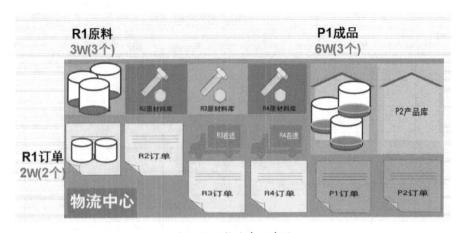

图 2-18　物流中心盘面

（3）财务中心。财务中心盘面如图 2-19 所示。

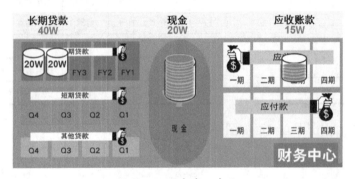

图 2-19　财务中心盘面

任务拓展

扫描二维码，根据资料完成物理沙盘第 1 年的推演。

第 1 年经营表

项目四
电子沙盘操作界面

了解和掌握了物理沙盘的操作规则和操作要求后，按比赛规则需要在电子沙盘上进行操作。电子沙盘需在计算机上操作完成，虽然与物理沙盘有着相同的步骤与内容，但电子沙盘更具有紧凑性、连贯性，并能够在赛后第一时间得出最终成绩，从而进行数据分析与对比。

任务① 登录并注册电子沙盘

任务描述

通过浏览器输入相应服务器地址登录并注册电子沙盘，进行界面操作，赛前做好了解规则、分析预测市场等准备工作，按要求登录并注册电子沙盘。

任务实施

一、登录界面

首次登录 ERP 沙盘软件时，需要在 IE 地址栏中输入服务器地址进入系统，登录的用户名与密码由比赛裁判分配，例如 TT01、TT02、TT03 等，初始密码一般为"1"，如图 2-20 所示。

图 2-20 ERP 电子沙盘用户登录界面

二、修改、注册信息

输入用户名和密码后进入用户注册界面，用户需要修改登录密码（密码不能与原始密码一致），需要填写公司名称、公司宣言及各个职位的姓名等信息，如图 2-21 所示。

图 2-21　ERP 电子沙盘用户注册界面

三、了解规则、预测分析市场

完成注册后进入创业者电子沙盘操作界面，可在界面右上角查看规则说明（比赛各项规则要求）与市场预测图表（产品均价表、产品需求量表、产品订单数量表），如图 2-22～图 2-24 所示。

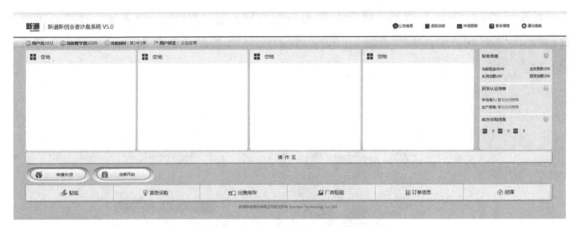

图 2-22　沙盘系统操作界面

图 2-23　"经营规则说明"界面

图 2-24 "市场预测"界面

| 市场预测 |
| 市场预测表——均价 | | | | | | | |
序号	年份	产品	本地	区域	国内	亚洲	国际
1	第2年	P1	4.88	5.15	0	0	0
2	第2年	P2	7.08	7.38	0	0	0
3	第2年	P3	8.54	8.50	0	0	0
4	第2年	P4	10.62	10.67	0	0	0
5	第3年	P1	4.85	4.77	4.79	0	0
6	第3年	P2	6.86	6.88	0	0	0
7	第3年	P3	8.44	8.83	0	0	0
8	第3年	P4	0	9.92	10.00	0	0
9	第4年	P1	4.60	4.67	4.75	0	0
10	第4年	P2	6.50	0	0	6.44	0
11	第4年	P3	9.17	8.78	0	8.76	0
12	第4年	P4	9.60	10.00	10.00	0	0

任务② 掌握电子沙盘运营操作

任务描述

了解沙盘运营过程中各项操作的顺序与要求，每项操作都需要经过谨慎考虑和细致计算后才能进行。

任务实施

一、申请长期贷款

（1）如果企业需申请长期贷款，要注意长期贷款操作只能在每年年初且在所有企业业务发生之前进行，如图 2-25 所示。

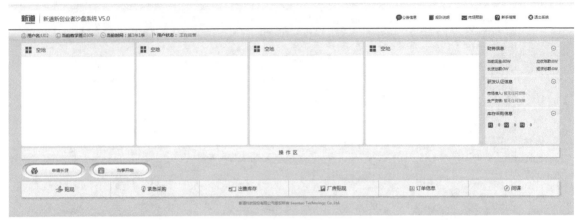

图 2-25 沙盘系统操作界面

（2）长期贷款一般是该企业经过预算确认需要多少金额再进行贷款申请。起始年长期贷款
额度 = 所有者权益 ×3。例如起始资金为 80W，则该企业的贷款额度 =80W×3=240W。

（3）长期贷款每次贷款金额须为 10W 的整数，长期贷款利率一般为 10%（利息 = 长期贷款
总额 ×10%）。例如今年长期贷款 54W，利息 =54W×10%=5.4W。长期贷款利息按四舍五入计
算，则下年需要支付的利息为 5W。长期贷款每年都要支付利息，到期还本付息。

（4）长期贷款期限最短为 1 年，最高可选择 5 年，如图 2-26 所示。

图 2-26 "申请长贷"界面

二、当季开始

（1）每年选单结束后或长期贷款后就可以单击"当季开始"按钮，如图 2-27 所示。

图 2-27 "当季开始"界面

（2）要开始新一季的经营，必须单击"当季开始"的"确认"按钮。

（3）确认后，系统会自动扣除贷款的本息同时会更新生产、产成品入库、生产线建设完成及转产完工等工程的后续处理。

三、申请短期贷款

（1）当季开始后会出现"申请短期贷款"和"更新原材料"两个按钮，如果该企业需申请短期贷款，只能在每季季初进行，如图2-28所示。

（2）短期贷款贷款期限为1年，到期还本付息。短期贷款贷款额度＝所有者权益×3-已贷长期贷款金额-已贷短期贷款金额（本期短期贷款不计入已贷额度），如图2-29所示。

（3）一般申请短期贷款需要企业做好本季资金预算，并将后期其他因素考虑在内，合理分配贷款额度（申请短期贷款金额不得低于10W）。

（4）短期贷款利率为5%。例如，今年第2季进行短期贷款29W，则需支付利息为：29W×5%=1.45W（四舍五入后为1W），则下一年第2季当季开始时需还本付息：29W+1W=30W。

图 2-28　申请短期贷款操作界面

图 2-29　"申请短贷"界面

四、更新原材料

（1）原材料就是生产产品需要用到的各种原料，每种原材料需要提前下原材料订单，一旦确定相应的原材料订单，不能中途更改原材料订单。

（2）原材料到货时不可以拒收，系统会强制支付现金，就算现金为零时也必须支付（如果支付不起，系统将自动宣布该企业破产）。单击"确认"按钮后，系统会自动扣除相应的金额，同时关闭当前操作界面，如图 2-30 所示。

图 2-30 "更新原材料"界面

五、订购原材料

（1）每种原材料需要提前下原材料订单，具体什么产品需要什么原材料和每种原材料的提前订购时间都由比赛规则而定。

（2）输入需要订购的原材料数量，确认订购后不可更改。系统允许用户不下原材料订单，但是每个季度只能进行一次原材料的采购操作（原材料采购很关键，因为它涉及后续能不能生产所需要的产品以及能否提交订单），如图 2-31 和图 2-32 所示。

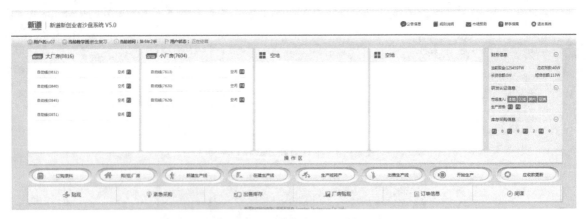

图 2-31 原材料需求计划操作界面

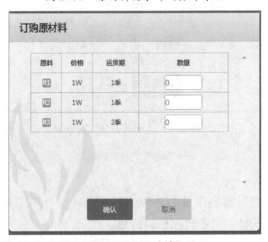

图 2-32 "订购原材料"界面

六、购租厂房

（1）每个企业可以根据自己的实际情况选择购买或租赁厂房，如图 2-33 所示。

（2）厂房的类型、容量、数量、价格、租金都由比赛规则而定。

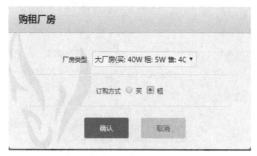

图 2-33 "购租厂房"界面

七、生产线

（1）新建生产线：厂房购置后需要考虑生产线的建设，各企业可根据自己实际情况建立生产线。在新建生产线的同时，还需选择所生产产品。生产线的类型、价格等内容由比赛规则决定，如图 2-34 所示。

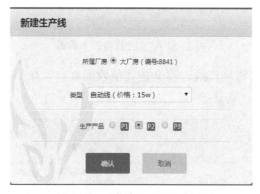

图 2-34 "新建生产线"界面

（2）在建生产线：每一个季度生产线只能在建 1 次，期间可以不在建，直到生产线在建完成后才能开始生产产品。不同的生产线有着不同的在建周期，具体内容由比赛规则而定。第 1 季和第 2 季在建生产线操作如图 2-35 和图 2-36 所示。

图 2-35 第 1 季在建生产线

图 2-36 第 2 季在建生产线

（3）生产线转产：如企业根据经营方案调整生产产品类型，那就需要进行生产线转产，同时也会根据比赛规则而产生相应的转产周期和转产费用。如图 2-37 所示。

图 2-37 "生产线转产"界面

（4）出售生产线：如出售生产线，将会按残值收回现金，净值高于残值的部分计入当年综合费用表中的"损失"项目，如图 2-38 所示。

选项	生产线编号	类型	开建时间	所属厂房	产品	净值	建成时间
☐	8868	自动线(8868)	第1年1季	大厂房(8841)	P2	15	第1年4季
☐	8872	自动线(8872)	第1年1季	大厂房(8841)	P2	15	第1年4季
☐	8881	自动线(8881)	第1年1季	大厂房(8841)	P2	15	第1年4季
☐	8885	自动线(8885)	第1年1季	大厂房(8841)	P2	15	第1年4季
☐	8877	自动线(8877)	第1年1季	大厂房(8841)	P2	15	第1年4季

图 2-38 "出售生产线"界面

八、开始下一批生产

开始下一批生产必须满足以下条件：

（1）有建成并空闲的生产线。

（2）有足够生产产品的原材料。

（3）有相应的加工费用。

（4）有相应产品的生产资格。

开始下一批生产如图2-39所示。

图 2-39 "开始下一批生产"界面

九、应收账款更新

应收账款更新：单击"确定"后系统会自动完成应收账款入账，将到期应收账款变为现金并更新后几期应收账款期限，如图2-40所示。

注意，应收账款更新后，之前的操作权限将被关闭，不能再次进行更新操作，只能进行后续内容操作。

图 2-40 "应收账款更新"界面

十、按订单交货

按订单交货：系统会自动列出未交货的订单，每张订单都有相应的产品类型、数量、总价、交货期与账期。当订单到期而无力交付相应的数量时，该订单会自动显示违约，并在年末扣除相应违约金，违约金计入综合费用表的"损失"项，如图2-41和图2-42所示。

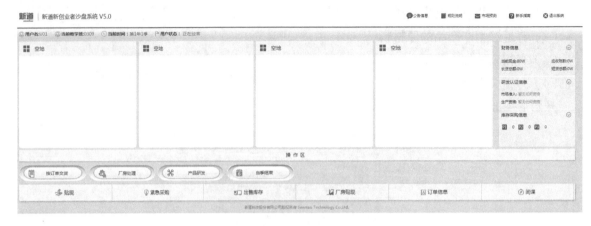

图 2-41　按订单交货操作界面

图 2-42　"交货订单"界面

十一、厂房处理

（1）本操作只能用于已经在使用的厂房，可进行厂房的买转租、退租或者租转买等操作，如图 2-43 所示。

（2）如果厂房内部无生产线，可以直接卖出，卖出后会收获 4E 账期的应收款；如果厂房内部有生产线，当卖出厂房后，厂房将自动转成租赁形式，收获 4 账期应收款的同时还需扣除当年租金。

图 2-43　"厂房处理"界面

十二、产品研发

产品研发每季只能操作一次。产品研发必须按照规则要求的投资时间进行多次投资，期间可以停止投资，系统不会自动进行。研发出相应的生产资格后才能生产相应的产品，同时也产生相应的投资费用，如图 2-44 所示。

图 2-44 "产品研发"界面

十三、当季结束

当季结束：一个季度的经营活动完成后需要单击"当季结束"的"确认"按钮，系统会自动扣除相应的管理费并续租厂房，检测"产品开发"完成情况并进行更新。重复操作相应内容，完成前三个季度操作内容，如图 2-45 所示。

图 2-45 "当季结束"界面

十四、每年第 4 季度的特殊操作

需要注意的是，在每年的第 4 季度"当季结束"确认操作后与其他 3 季稍有不同，在第 4 季度结束之前还需完成市场开拓和 ISO 资格认证两项内容操作，如图 2-46 所示。

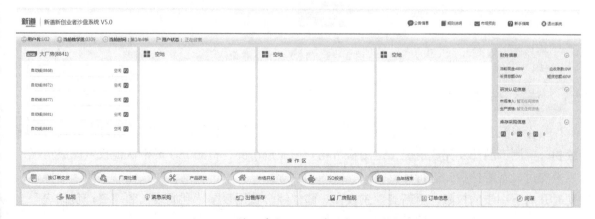

图 2-46 第 4 季度的"当季结束"操作界面

1. 市场开拓

（1）市场开拓只有每年的第4季度才能操作，可以全部开拓，且一年只能开拓一次；可以中断投资相应的市场，但是不能加速投资，如图2-47所示。

（2）每个市场的开拓都需要一定的时间，如果中断对某市场的开拓从而造成市场不能及时开拓完成，将不能在未完成的市场里面投放广告。如何开拓市场需根据比赛规则和对市场的分析而定。

图2-47 "市场开拓"界面

2. ISO投资

（1）ISO投资只有每年的第4季度才能操作，可以全部投资，且一年只能投资一次；可以中断投资相应的资格认证，但是不能加速投资，如图2-48所示。

（2）没有相应的ISO资格认证，就不能获取有关该ISO资格认证的订单。

图2-48 "ISO投资"界面

十五、当年结束

第4季经营结束后即当年结束，即一年经营完成。系统会自动扣除本季管理费，进行厂房续租，检测产品开发完成情况，检测新市场开拓完成情况，检测ISO资格认证投资完成情况，以及支付设备维护费，进行计提折旧、违约扣款等操作。单击"确认"按钮后关闭当前操作，同时开启下一步的权限，更新到"三表"（即"综合费用表""利润表"和"资产负债表"）填写和广告投放界面，如图2-49所示。

图 2-49 "当年结束"界面

十六、弥补操作

在企业运营过程中还可能出现各种因为操作不当而引起的失误，而这些失误可以通过以下操作来进行弥补，但是在进行弥补操作前应做好计算，权衡此操作的得失比例是否合理有效。弥补操作包括贴现、紧急采购、出售库存、间谍。

1. 贴现

（1）贴现可以在任意时间操作，即把应收款的金额马上贴现转为现金，如图 2-50 所示。

（2）贴现利息分为两种：1 个季度、2 个季度账期应收款的贴现率为 10%，3 个季度、4 个季度账期应收款的贴现率为 12.5%，贴息额为向上取整。

（3）贴现金额减去贴息额，剩余部分直接计入现金，贴息计入财务费用。

2. 紧急采购

（1）紧急采购可以在任意时间操作，选择需要紧急采购的产品或原材料，填写数量后确认购买，采购的产品或原材料会直接入库，如图 2-51 所示。

（2）紧急采购确认后扣除相应的现金，紧急采购产品的价格是直接成本的 3 倍，紧急采购原材料的价格是直接成本的 2 倍。

（3）紧急采购的产品或原材料均按照直接成本计算，超出直接成本的部分，计入综合费用表中的"损失"项。

图 2-50 "贴现"界面

图 2-51 "紧急采购"界面

3. 出售库存

（1）出售库存可以在任意时间操作，选择需要出售的产品或原材料，填写出售的数量后确认卖出，卖出的款项会直接计入现金，如图 2-52 所示。

图 2-52 "出售库存"界面

（2）产品出售不计损失，按照销售价格出售，原材料按直接成本 8 折出售，（出售收入为向下取整）；剩余的 20% 计入综合费用表中的"损失"项（损失按向上取整）。

4. 间谍

（1）使用"间谍"功能可以查看任意一家企业信息，但需要花费相关的费用，此费用计入综合费用表中的信息费，同时支出相应的现金，如图 2-53 所示。

（2）"间谍"分两种：第一种是任意时间都可以查看，但是需要花费相关的费用；第二种就是年末所有人都结束一年运营后，由裁判统一下发免费"间谍"（"三表"）来查看，这种方式不需要花费现金。间谍在比赛中由参赛队员自行选择使用与否，但一般情况下为了节省资金都较少使用第一种方式。除了以上两种情况外，还可以通过巡盘的方式来查看和收集企业信息。

图 2-53 "间谍"界面

任务③
填制电子沙盘年终经营报表

任务描述

完成运营操作后要求对所有数据和所有者权益进行核算统计，并填制年终经营报表，填制无误后才能完成本年操作。

任务实施

一、进入财务报表填写界面

结束本年运营后，单击"填写报表"按钮，进入填写报表界面，如图2-54所示。

图 2-54 进入"填写报表"操作界面

二、填制"综合费用表"

单击选项卡"综合费用表"，填写相关项目数据后单击"保存"按钮，如图2-55和图2-56所示。

图 2-55 "综合费用表"填写界面

图 2-56 保存"综合费用表"数据界面

三、填制"利润表"

单击选项卡"利润表",填写相关项目数据后单击"保存"按钮,如图 2-57 和图 2-58 所示。

综合费用表

综合费用表　利润表　资产负债表

销售收入	0 W
直接成本	0 W
毛利	0W
综合管理费用	0 W
折旧前利润	0W
折旧	0 W
支付利息前利润	0W
财务费用	0 W
税前利润	0W

提交　保存

图 2-57 "利润表"填写界面

综合费用表

综合费用表　利润表　资产负债表

毛利	0W
综合管理费用	22 W
折旧前利润	-22W
折旧	0 W
	-22W
	0 W
	-22W
	0 W
净利润	-22W

保存成功!

确定

提交　保存

图 2-58 保存"利润表"数据界面

四、填制"资产负债表"

单击选项卡"资产负债表",填写相关项目数据后单击"保存"按钮,如图 2-59 和图 2-60 所示。

图 2-59 "资产负债表"填写界面

图 2-60 保存"资产负债表"数据界面

五、提交财务报表

检查确认"三表"无误后单击"提交"并"确认"完成。若操作失败,系统会提示报表填写错误,如图 2-61 和图 2-62 所示。

图 2-61　提交"三表"操作界面

图 2-62　"三表"提交成功界面

报表提交成功后，需要进行下一年经营前的广告投放与订单选择操作。特别是广告投放前

还需对各参赛对手进行各项数据的分析，并通过自身的实际情况投放适合的广告费用。

任务实施

一、投放广告

1. 进入投放广告界面

单击"投放广告"选项卡，进入投放广告界面，如图 2-63 所示。

图 2-63　进入投放广告界面

2. 投放广告

根据各项数据分析结果，分产品、分市场投放产品广告及分配广告费用，投放完成后单击"确认"按钮，系统询问是否确认投放广告，再次"确定"后系统完成广告投放，准备参加订货会选取订单，如图 2-64 ～图 2-66 所示。

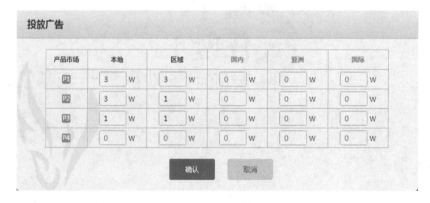

图 2-64　"投放广告"界面

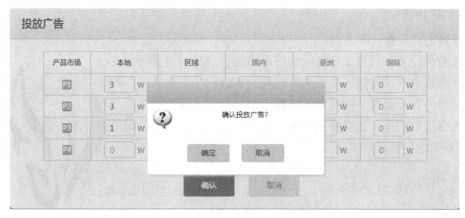

图 2-65 确认投放广告界面

图 2-66 广告投放完毕界面

二、参加订货会

1. 等待进入订货会

广告投放完毕后等待进入订货会，如图 2-67 所示。

图 2-67 "订货会就绪"界面

2. 参加订货会

进入订货会需注意以下几点：

（1）注意标题下方红色文字提示的选单市场、产品与组数等信息。

（2）注意剩余选单时间（一般选单时间为45秒）。

（3）订单内容可通过下拉符号进行排序。

（4）注意选单操作，如需要则单击"选中"按钮，如不需要则单击"放弃选单"按钮。

"参加订货会"界面如图2-68所示。

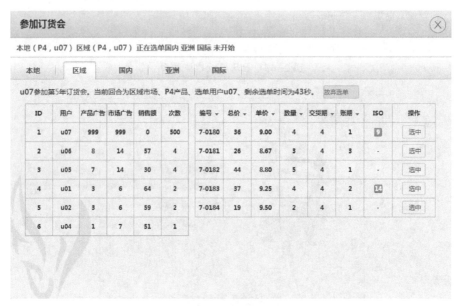

图 2-68 "参加订货会"界面

3. 订货会结束

选单结束后，单击"确定"按钮，结束订货会，如图2-69所示。

图 2-69 订货会结束界面

4. 订单信息

结束订货会后可以通过单击操作界面的"订单信息"按钮查看所选择的具体订单信息内容，如图 2-70 和图 2-71 所示。

图 2-70 查看"订单信息"操作界面

订单信息

订单编号	市场	产品	数量	总价	状态	得单年份	交货期	账期	ISO	交货时间
X-100	本地	P2	4	26W	未到期	第4年	4季	2季	9	-
X-098	本地	P2	2	14W	未到期	第4年	3季	1季	-	-
X-114	区域	P2	2	13W	未到期	第4年	4季	1季		-
X-113	区域	P2	3	20W	未到期	第4年	4季	2季	9 14	-
X-129	国内	P2	4	29W	未到期	第4年	2季	1季	9 14	
X-130	国内	P2	3	22W	未到期	第4年	1季	1季		

图 2-71 "订单信息"界面

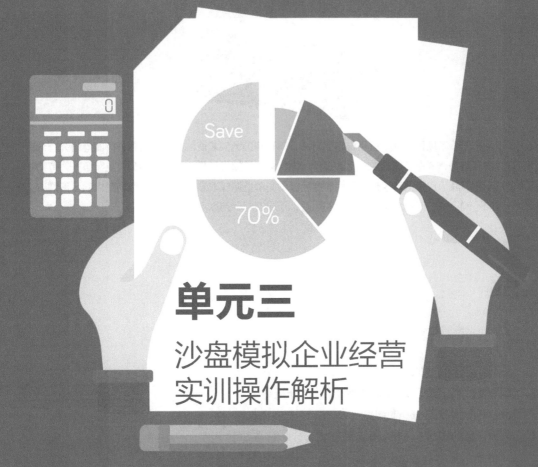

单元三

沙盘模拟企业经营实训操作解析

单元导读

　　沙盘模拟企业经营实训操作主要包括：市场预测与分析、年初规划会议、预算及检验、企业运营、年终经营报表的填制、巡盘与数据分析、投放广告与参加订货会、竞单。本单元具体对以上各方面内容进行详细讲解与分析，帮助同学们了解和掌握各项实训操作。

学习目标

　　通过对各步骤内容的学习、分析，同学们可以了解掌握沙盘模拟企业经营具体实训操作，从而实现"学中做、做中学"的效果。

项目一
市场预测与分析

什么是市场预测？市场预测就是运用科学的方法，对影响市场供求变化的诸多因素进行调查研究，分析和预测其发展趋势，掌握市场供求变化的规律，为经营决策提供可靠的依据。预测为决策服务，有助于提高管理水平，减少决策的盲目性。我们需要通过预测来把握经济发展或者未来市场变化的有关动态，减少未来的不确定性，降低决策可能遇到的风险，使决策目标得以顺利实现。

任务描述

内容

1. 了解市场预测要求。
2. 懂得通过"三表"来完成市场预测与分析。
3. 提高市场预测与分析能力。
4. 具备信息的梳理、判断和选择能力。

要求

需要合理运用"三表"进行分析，也可以借用 Excel 表格来辅助完成。

知识储备

想要做好沙盘实训，就要为它的未来发展制订方针，想要实现目标就需要对未来的市场做出正确的预测。市场预测具有以下几点比较重要的功能：

（1）可作为研发产品的依据。

（2）可作为生产计划与采购计划的依据。根据市场预测编制销售计划，从而拟订产品年度或季度的生产计划；再从产品的年度或季度的生产计划以及各种物料的购备时间，可以从容地拟订采购计划。

（3）可作为扩厂建线的参考。例如，市场预测表明市场不久后将扩大容量，则应早日拟订资金计划，准备扩充生产线，增加产量。

（4）可拟订生产产能。根据市场预测和市场份额大小，制订各种产品产能计划，以免产品供不应求，又或者产品数量过多导致库存积压。

（5）可根据所选产品的市场份额以及所在产品的市场拥挤程度投放广告。

每位参与者都要认真做好对市场的预测与分析。各参赛队伍会有不同的市场预测结论，并且每个人的理解力和分析力不同，关注的侧重点也不同，面对相同的市场，每位参赛者也会做出不同的分析结果，进而做出不同的决策。正所谓"仁者见仁，智者见智"，所以市场分析的结果没有唯一性，也没有对错之分，要视竞争对手的变化而变化。

另外，对预测结果是否采用、依据相关环境和市场动态所做的修正是否正确、信息资料的选择等都需要做出相应的判断。判断是预测技术中重要的因素，也是衡量总经理是否成功的一个重要指标。

任务实施

市场预测主要分为三大模块，一是均价，二是需求量，三是订单数。首先，结合规则来看预测结果；其次，看产品的利润走向，根据产品需求量的增减变化做相应的调整，达到利润最大化；最后，综合这三个模块制订方案，规划6年的发展策略。

此外，市场预测还需要其他情报辅助，如搜集对手所研发的产品、所使用生产线、原材料库存及订购原材料等信息来确定对手生产的产品及产能；查看对手资金链，判断对手是否正在研发其他产品或者扩大产能。

1. 产品均价预测表

产品均价预测表用于反映各系列产品的价格变化趋势，在每个市场中每种产品从第2年到第6年的价格走向见表3-1。

表3-1 产品均价预测表

市场预测表——均价							
序 号	年 份	产 品	本 地	区 域	国 内	亚 洲	国 际
1	第2年	P1	4.98	5.06	0	0	0
2	第2年	P2	6.93	7.26	0	0	0
3	第2年	P3	8.59	8.55	0	0	0
4	第2年	P4	10.59	10.6	0	0	0
5	第3年	P1	4.78	4.75	4.73	0	0
6	第3年	P2	6.8	6.83	0	0	0
7	第3年	P3	8.46	8.74	0	0	0
8	第3年	P4	0	9.78	9.78	0	0
9	第4年	P1	4.66	4.67	4.72	0	0
10	第4年	P2	6.51	0	0	6.47	0
11	第4年	P3	9.12	8.92	0	8.7	0
12	第4年	P4	9.69	9.97	9.92	0	0
13	第5年	P1	5.48	0	4.6	0	4.66
14	第5年	P2	6.46	6.59	6.58	6.89	0
15	第5年	P3	0	7.65	0	8.37	8.39
16	第5年	P4	8.77	8.93	0	9.21	0
17	第6年	P1	5.45	5.47	0	0	5.57
18	第6年	P2	7.4	0	7.38	0	7.3
19	第6年	P3	8.37	8.37	0	8.74	0
20	第6年	P4	0	9.27	10	0	9.58

注：此预测表是12组参赛队的预测表。

首先，需要了解产品的均价，比较各产品利润的大小、利润增长趋势及其发展潜力。通过观察、分析表3-1可知，每个产品的均价每年都有不同的变化，比如P1前几年的均价相对较低，而在最后两年均价有所提升；P4产品则刚好相反，前几年均价高而最后两年却降到了最低点。所以，在选择产品上，均价是个很重要的因素。

其次，随着均价的变化，产品的广告投放策略也要有所变化。比如，P2产品每年的均价都比较平稳，那么广告的投放也以平稳为主，即广告投放费用相对稳定，不宜过高。

最后，从心理层面而言，人们往往热衷于追求均价较高的产品与市场，会轻视均价相对较低的产品与市场，因此在产品选择上，也需要考虑到这个因素。比如P4是均价很高的一种产品（高端产品），但是如果每一组都做P4产品，那么P4产品在市场上就会变得供大于求。因此，除了需要投入研发高端产品的研发费用以外，还需要投放较高的广告费用才能取得订单。虽然表面上看似能赚很多钱，但也会因成本大、费用高等原因，反而达不到预期的目标。相反，P1、P2这类低端产品虽然均价低，但运营成本也低，如果此类产品的竞争对手比较少，那么就可以利用大产量来弥补均价低的劣势，实现规模效益。

2. 产品需求量预测表

产品需求量预测表是从数量的角度反映每个市场中每种产品从第2年到第6年的需求变化，见表3-2。

表3-2 产品需求量预测表

市场预测表——需求量							
序 号	年 份	产 品	本 地	区 域	国 内	亚 洲	国 际
1	第2年	P1	44	32	0	0	0
2	第2年	P2	29	39	0	0	0
3	第2年	P3	29	20	0	0	0
4	第2年	P4	17	20	0	0	0
5	第3年	P1	45	36	37	0	0
6	第3年	P2	35	36	0	0	0
7	第3年	P3	37	34	0	0	0
8	第3年	P4	0	32	27	0	0
9	第4年	P1	50	46	36	0	0
10	第4年	P2	49	0	0	43	0
11	第4年	P3	33	36	0	33	0
12	第4年	P4	35	34	38	0	0
13	第5年	P1	50	0	52	0	44
14	第5年	P2	41	34	38	37	0
15	第5年	P3	0	48	0	41	31
16	第5年	P4	44	43	0	42	0
17	第6年	P1	55	49	0	0	54
18	第6年	P2	40	0	40	0	47
19	第6年	P3	46	43	0	43	0
20	第6年	P4	0	40	43	0	36

注：此预测表是12组参赛队的预测表。

首先，我们要观察各个产品每年总需求量的变化，通过观察总需求量的变化情况，来选择搭配什么样的生产线；其次，也要看单个产品的需求量变化，需求量增大就要处理好后面资金的运转及加线扩大产能等问题。比如需求量在第4年、第5年增加明显而第6年显著下降时，则根据当时的情况，不能盲目地扩大产能。

除此之外，我们还可以根据每个市场的需求情况，结合自己的产能和订单数量来确定每个市场广告费用的投放额度，尽量以合理的广告费用来完成营销任务，达到节约成本的目的。

3. 产品订单数量预测表

产品订单数量预测表反映了各系列产品在各个市场的订单数量情况。订单数量的多少直接影响企业能够获取订单机会的大小，见表3-3。

表3-3 产品订单数量预测表

市场预测表——订单数量							
序 号	年 份	产 品	本 地	区 域	国 内	亚 洲	国 际
1	第2年	P1	13	11	0	0	0
2	第2年	P2	11	13	0	0	0
3	第2年	P3	11	8	0	0	0
4	第2年	P4	8	8	0	0	0
5	第3年	P1	13	11	12	0	0
6	第3年	P2	11	11	0	0	0
7	第3年	P3	12	11	0	0	0
8	第3年	P4	0	10	10	0	0
9	第4年	P1	14	12	11	0	0
10	第4年	P2	15	0	0	12	0
11	第4年	P3	10	11	0	10	0
12	第4年	P4	11	11	11	0	0
13	第5年	P1	13	0	14	0	12
14	第5年	P2	11	10	11	10	0
15	第5年	P3	0	13	0	11	9
16	第5年	P4	12	12	0	11	0
17	第6年	P1	14	12	0	0	12
18	第6年	P2	11	0	11	0	12
19	第6年	P3	12	9	0	12	0
20	第6年	P4	0	10	11	0	9

注：此预测表是12组参赛队的预测表。

产品订单数量预测表需要结合前面两种预测表一起分析才充分可靠。

在开盘前分析订单数量可以起到一个辅助作用，根据参赛队的数量可以预估获取订单的机会、拿单情况及产品拥挤程度等。另外，产品订单数量预测表也可以帮助我们做产品选择，做单一产品还是多元化组合，也为我们后面的广告投放计划做铺垫。

任务拓展

扫描二维码，对给出的市场预测表进行数据分析，为产品策略的制订提供数据支持。

市场预测表

项目二
年初规划会议

在资源有限的情况下，企业必须选择做什么和不做什么。任何一个企业要在激烈的市场竞争中立于不败之地，都应该首先明确发展目标，给自己制订一个合理的发展方案。为做好年初规划会议，参赛人员需要拟订一个方案策略，通过大量开发资源（开源）或是控制资金（节流）的方式来完成。所以参赛人员设计方案之前需要考虑的因素有很多，包括"做什么""为什么做""如何做"，有了一定的方向和目标后才能明确方案的目标与侧重点。

任务描述

内容

知晓制订企业发展规划的重要性。

通过参与制订企业发展规划对企业运营状况进行全面分析，提高综合分析和集体决策的能力。

要求

通过研究不同的市场规则并做好市场预测，从而制订出合理、有效的方案。

知识储备

一、了解市场规则

首先，需要了解市场规则，掌握厂房容量、生产线种类、ISO资格认证和市场开拓的时间，以及各个产品和产品组成所需原材料等竞赛细则。之后，需要分析市场，从战略高度掌控全局，定下阶段性目标，进而做出最好的决策。在熟悉所有内容后，就要把可能的方案全部罗列出来，最好是各小组成员分别列出一个方案，这样能够更直观地了解小组各成员的想法，也能发现各方案的局限性，从而使方案制订地尽量合理。

二、合理进行市场预测

通过市场预测，拟订一个宏观发展策略，根据规则合理安排生产计划，在进行市场预测的时候就决定要研发的产品。根据规则选择生产线进行开盘，最主要的就是要关注生产线、厂房和研发这三大重点要素。当然，也千万不要忽略规则里面的细节，一旦出错就会造成不可预估的损失。比如，只有超级手工线、自动线和柔性线的情况下，大厂房容量是6，这就说明超级手工线在这个市场比较有优势；又比如在有超级手工线、自动线、柔性线和租赁线的情况下，一般都表明市场需求很大，要考虑预采购原材料及资金周转问题，可以选择超级手工线开盘，节省综合费用。先预采购原材料，再根据拿单情况增加租赁线，因为租赁线维护费用较高，一般用于生产高利润产品。一定要预算好增加的租赁线是否能带来利润，如果市场需求量每年都增长很多，也可以直接用柔性线，以后再加租赁线。

综合来说，就是在做好市场预测的前提下，根据规则选择产品和生产线。首先想清楚为什么选择这个方案，选择这个方案有哪些优势和风险；然后通过什么方式或策略达到自己的预期目标，若中途发生变故又如何应变；最后预算好下一年，这个预算包括了下一年发生的所有变故，如没有应收款该怎么办，没拿到想要的订单怎么办，亏损怎么办，获利后又该怎么安排等。

三、整体把握方案

整体把握就是要考虑整个方案的难点、要点和爆发点。方案的难点是如何避免权益下降，要点是注意第3年生产线的折旧和各项费用提高后要如何节省广告费，爆发点是能否根据市场预测，在产品最大量的时候将权益进行大幅度提升。拟订一个方案不仅是做好6年规划，还要多制订几个方案，比较哪个方案最有优势。思路一定要清晰，选择开源还是节流，如果开源节流两头抓，往往会得不偿失。

其实，只要做好市场预测与分析，根据规则进行合理的方案制订就可以了，最终结果主要还是靠后面的整体运营。由于沙盘比赛的变数大，所以参赛者要有足够的应变能力、清晰的逻辑及掌控全局的能力。

任务实施

制订方案的具体步骤如下：

步骤一：制订草案

每个人的思维方式不同，那么不同的理解能力和分析能力就会得到不同的方案。把所有可能的方案全部罗列出来加以讨论和共同分析，这样能够更直观地了解小组各成员的想法，也能发现方案自身的局限性，得到全体认可的方案。

步骤二：对比改进方案

对比各方案的优势、劣势、盈利能力、风险程度、可操作程度，综合考虑后选出最理想的几个方案，进行预算和改进。

步骤三：无销售方案

一个完整的方案分为四个部分：投资、筹资、生产和销售。开始需要排除销售部分来制订方案，称为无销售方案，虽然内容不完整，但依然可以实施。

步骤四：完整方案

在无销售方案基础上加上销售部分，就构成了完整方案。因为销售部分变动性比较大，所以此部分需要单独制订。

销售部分需要完成的工作包括：①对市场分析；②对竞争对手分析判断；③产品销售的选择。

把方案分为无销售方案与完整方案，是因为完整方案需要涉及变动性太大的销售部分，很难对销售利润进行合理估算；而无销售方案能更好地预估方案的可行性以及更好地对资金链进行控制。

步骤五：选出最佳方案

完成方案预算后，再次对方案进行筛选，得到全体认可的最佳方案。但是淘汰的方案并非不再考虑，比赛过程中的各种因素都可能会影响方案的执行效果，所以中途也可能会调整方案。当然在期间有分歧的时候，总经理还是要表现出一定的权威性，这样才能达成最终的一致性。

步骤六：编制长期方案

选择好方案后就要对方案进行前 3 年的规划，并模拟出 6 年大致的情形，最后的模拟方案肯定会与实际情况有偏差，所以要根据实际情况进行改进和调整。

步骤七：风险评估与预案

企业的发展速度与收益和风险有关，收益越大则发展速度越快，而发展速度可以分为三个区域：安全区域、风险区域、失败区域。在安全区域虽然不会破产，但是由于发展速度有限，并不能取得太好的成绩；然而如果发展速度太快就会带来风险，有可能破产，陷入失败区域。把发展速度控制在自己驾驭风险的能力范围之内，就能取得较为合理的发展速度。

制订并选择了一个方案后，因为市场情况瞬息万变，假设没有达成预期的目标，此时就需要替代方案来处理所遇到的情况。风险越大就越需要预案，即使遭遇危机也有另一种方法脱险。

项目三
预算及检验

财务状况是整个沙盘的命脉，现金断流则无法运转，所有者权益为负时会被宣告破产。因此，对于现金流问题应该从一开始就做一个精细、全面的预算，比如广告费用的投入、生产设备的投资、新产品的研发、原材料的采购等，这一切都离不开现金。如果预算不充分，则会使企业面临资金紧张、成本加大、其他经营环节受牵连，甚至破产失败的险境。

任务描述

内容

1. 在沙盘对抗赛中，做好财务预算工作，保证资金流正常运转，让现金的收支尽在掌控之中。
2. 提前计算资金短缺的时点，从而在现金流出现缺口之前安排筹资，降低或避免损失。
3. 制订合理的计划并准确预测利润情况，估算运营中各阶段的成本。

要求

1. 熟悉现金收入和支出的相关项目。
2. 在每年年初做好相应的预算，并规划下一年和之后几年的发展方向与发展策略。
3. 了解企业现金流控制的重要性，掌握企业财务管理工作流程。

知识储备

预算需要的知识储备量很大，包含了以下内容：市场预测与分析、规则的要求与明细等。做预算必须先熟悉整个企业的生产经营活动，集合企业所有的资源，利用计划、决策、控制等手段对企业整体现金流进行全方位的管理，以达到降低生产成本、获取最大经济利益的目的。市场预测与分析、规则的具体要求与明细等内容，是本项目的学习要点。

财务预算首先要熟悉现金收入和支出的相关业务。

1. 资金的来源

资金的来源除起始资金外，主要来自贷款（长期贷款和短期贷款）、销售收入（应收款项）和其他资金收入。

（1）起始资金，是比赛规则统一规定的初始金额，但起始资金一般较少，无法满足企业开展经营活动。

（2）贷款，因起始资金的缺少，所以需要合理使用贷款，贷款规则见表3-4。

表3-4 贷款规则

贷款类型	贷款时间	贷款额度	年利率	还款方式
长期贷款	每年年初	所有长期贷款和短期贷款之和不能超过上年所有者权益的3倍	10%	年初付息，到期还本
短期贷款	每季度初		5%	到期一次还本付息

（3）销售收入，是销售产品后得到的资金，它是企业最主要的资金来源，也是增加所有者权益的主要途径。但由于规则里的账期因素，销售收入会先成为企业的应收款项。

（4）其他资金收入，包括资金贴现、厂房出售和贴现以及库存拍卖（原材料、产品），见表3-5。

表3-5　其他资金收入规则

贷款类型		贷款时间	贷款额度	利　率	还款方式
资金贴现		任何时间	视应收款额	10%（1季，2季） 12.5%（3季，4季）	贴现各账期分开核算，分开计息
厂房	出售	任何时间	视应收款额	得到4个账期的应收款	直接得到现金，但如厂房中有生产线，同时要扣除租金
	贴现	任何时间	视应收款额	12.5%（4季）	
库存拍卖	原材料	任何时间	采购价的8折（向下取整）		
	产品	任何时间	按成本价计算		

2．资金的支出

资金的支出涉及的项目比较多，可以大致分为广告费支出、固定资产投资、无形资产投资和其他支出。

（1）广告费支出，是每一年竞标的标准，根据比赛规则和广告费用的高低来确定选择订单的先后顺序和次数。

（2）固定资产投资，包括生产线投资和厂房投资。

（3）无形资产投资，包括产品研发、市场开拓、ISO资格认证。

（4）其他支出，可细分为偿还贷款、利息、贴息、厂房租金、加工费、原材料采购费和损失等。

这些支出的多少主要取决于团队通过分析市场和对手后所制订的方案和策略，有了具体的方案和数据之后才能做出准确的现金流预测，避免预算工作的盲目性。

任务实施

步骤一： 根据表格的顺序完成每一项业务操作，过程中写明每一季的固定收入和支出，根据资金周转运行情况来决定如何合理搭配每年的长期贷款和每季的短期贷款（长期贷款和短期贷款按照规则要求进行贷款和还款）。完成一季后，将本季的季末余额计入下季的季初现金，继续完成下一季的生产预算，按此顺序完成一年的预算操作。

步骤二： 预算还包括无销售方案的预算，可在设有销售产品、无法取得应收账款的前提下进行后几年的金额预算，从而做到精准预算，取得最佳方案。

步骤三： 当熟悉以上预算步骤后，可通过纸质年度预算表进行记录。按照预算方案的要求来完成各个季度的预算，预算过程中需要注意以下几点：

（1）清楚了解各项运营规则与各项资金的使用规则，力求细致，做到万无一失。

（2）根据表格内的内容，按顺序依次完成每一项预算操作。

ERP沙盘年度预算表见表3-6。

表3-6　ERP沙盘年度预算表

具体操作内容	第 1 季	第 2 季	第 3 季	第 4 季
年初现金盘点				
申请长期贷款				
季初现金盘点（请填余额）				
更新短期贷款／还本付息				
更新生产／完工入库				
生产线完工				
申请短期贷款				

（续）

具体操作内容	第 1 季	第 2 季	第 3 季	第 4 季
更新原材料库（购买到期的原材料，更新在途原材料）				
订购原材料				
购租厂房（选择厂房类型，选择购买或租赁）				
新建生产线（选择生产线类型及生产产品种类）				
在建生产线（生产线第 2、3、4 期的投资）				
生产线转产（选择转产产品种类）				
出售生产线				
开始下一批生产（空置的生产线开始新一轮生产）				
更新应收款（输入从应收款 1 期更新到现金库的金额）				
按订单交货				
厂房处理				
产品研发投资				
支付管理费				
新市场开拓				
ISO 资格认证投资				
支付设备维修费				
计提折旧				（　）
违约扣款				
紧急采购（随时进行）				
出售库存（随时进行）				
应收款贴现（随时进行）				
贴息（随时进行）				
其他现金收支情况登记（根据需要填写）				
期末现金对账（请填余额）				

任务拓展

扫描二维码，利用现金预算表作为预算的辅助工具来完成本项目工作。

现金预算表

项目四
企业运营

运营是对企业经营过程进行计划、组织、实施和控制，是不断根据环境变化拟订应对策略，做出最准确的判断，不断节省费用、提高利润和降低损失的过程。运营调节具有较强的针对性和灵活性，可以根据需要快速调整生产计划。运营在整个沙盘比赛中尤为重要，即使是同一场比赛，有着同样的开盘方案，到最后都不一定有相同的结果。所以，在企业运营中如何权衡利弊、做出抉择直接反映出个人能力和团队协作能力。

内容

1. 了解企业运营中各个角色的工作内容，做到各司其职，共同完成统一目标。
2. 能检查运营过程中步骤与操作细节是否完整，达到分析准确、操作精确的效果。

要求

1. 运营是一个所有成员通过共同分析来判定操作是否合理的过程，所以需要每位成员各尽其责，主动发挥个人能力，也需要各成员之间团结协作、统一步调。
2. 能根据具体情况与要求及时提出对企业经营有用的建议和意见并协同团队成员进行调整改进。

角色职责

ERP沙盘竞赛是一项团队经营活动，既需要每一位成员拥有独特的能力，又需要有团队协作的能力，这样才能在各自的岗位上独当一面，又能通过合作完成任务，达成经营目标。

1. 总经理（CEO）职责

总经理在整个运营过程中起到统筹全局的作用。协调、整合团队成员的建议与意见，以达到协调一致的效果。

2. 财务总监（CFO）职责

财务总监集财务与会计两大职能于一身，不仅要负责企业日常收支、核算企业经营成果，还要负责资金的筹集与管理、做好资金预算、进行财务分析、妥善控制成本以及参与企业重大决策方案的讨论。

3. 运营总监（COO）职责

运营总监需要做好生产线的搭配和布局，制订生产计划，进行产能计算、成本分析、产品盈利分析、产品库存管理等。

4. 营销总监（CMO）职责

营销总监能灵活运用市场营销技巧，正确分析市场需求，合理选择市场目标，确定适合本企业发展的市场营销策略，还要对各个市场拥有敏锐的洞察力和准确的判断力。

沙盘企业运营可分为以下两个步骤：

步骤一：运营前的分析与预算

根据比赛时间的设定，每一年的运营操作时间需要控制在一小时内，因此，大部分时间会分配在数据分析和预算制订上，只留约 10 分钟的时间来完成电子沙盘的操作以及最后报表的填写与提交。这就要求预算的方案要多样化，再通过分析对比得出一个最佳方案。同时，计算过程必须严谨无误，确保数据的准确度。

1. 第 1 年的运营分析与方案的制订

第 1 年的运营分析与方案的制订只能通过市场预测表来进行。在没有掌握对手有效信息的情况下，只能够对市场公开信息进行全面的分析和大致对对手的意图进行研判。第 1 年的方案是决定比赛趋势的关键，就算对手有着与你相似的想法和方案，但是在不同的运营技术下也会有不同的结局。

2. 后几年的运营分析与方案的制订

第 1 年的运营完成后，后几年的方案还需建立在对手运营情况的基础上来制订和完成。这就需要对所有参赛选手进行全面的巡查与分析。具体操作就是对其他选手的"三表"数据进行分析或是通过巡盘、直接查看对手操作界面从而获取相关信息内容。

3. 过程预算

有了分析得出的结论，又了解了各队的大致情况，通过分析可以得出针对性的竞争策略；再根据各产品的分布，结合自身的情况为下一步运营进行预算。预算内容包括：每一季度的贷款需求，产品的生产，生产线的增加、维护与折旧，原材料的订购以及订单的提交等。每一个步骤都需做到最精确的计算，做出最佳的方案。当然，此时的总经理要在适当的时间及时做出大胆、有效的决策，对团队成员提出的建议与意见进行整合统一。总的来说，每一年的预算工作都是烦琐而细致的。

步骤二：沙盘操作

分析完成后，实际操作是在电子沙盘软件界面内完成的，按照之前预算出的最佳方案按步骤进行。在操作过程中切记每一步都应谨慎、细致，操作者需按照操作顺序将每一个步骤依次单击查看并完成，这样可以避免在操作过程中出现遗漏或失误操作。电子沙盘比赛中不能重复操作，一旦操作失误是不能进行还原的。电子沙盘当季开始、当季结束和当年结束界面如图 3-1 ～图 3-3 所示。

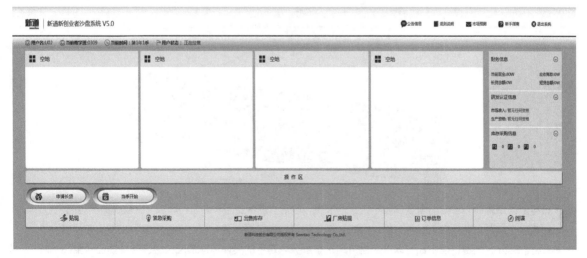

图 3-1 "当季开始"界面

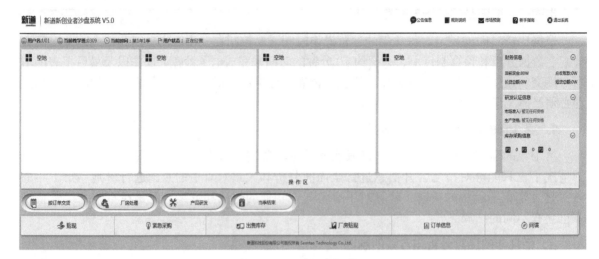

图 3-2 "当季结束"界面

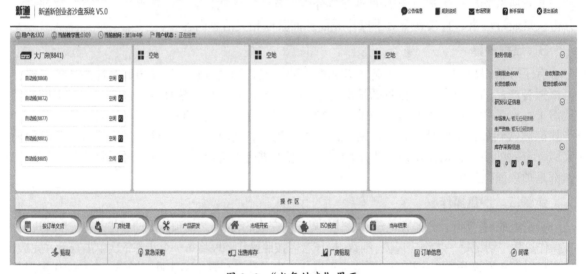

图 3-3 "当年结束"界面

项目五
年终经营报表的填制、巡盘与数据分析

每年运营结束后,各公司需要填制年终经营报表,包括"综合费用表""利润表"以及"资产负债表",训练学生做好企业规划与经营分析;同时,学生也可以通过填制和分析企业经营报表来学习如何做竞争分析。另外,比赛过程中还可以以巡盘方式来了解竞争对手的具体运营情况,通过各种途径来全面了解竞争对手,最终制订本企业下一年的经营策略。通过这一系列的训练来提升学生的综合素质。

任务描述

内容

1. 掌握 ERP 沙盘系统"综合费用表""利润表"以及"资产负债表"的填制方法。
2. 通过对"三表"的数据进行分析，做好企业规划。
3. 通过其他企业的"三表"或者对巡盘的结果进行分析，调整企业经营策略。

要求

1. 正确填制"综合费用表""利润表"及"资产负债表"。
2. 对竞争企业的数据进行分析。

知识储备

一、了解"三表"的内容

1. 综合费用表

综合费用表反映了企业期间费用的情况，具体包括管理费、广告费、设备维护费、租金、转产费、市场准入开拓、ISO 资格认证、产品研发费、信息费等。其中，信息费是指企业为查看竞争对手的财务信息而支付的费用，具体由规则而定。

2. 利润表

利润表是反映企业当期盈利情况的报表，具体包括销售收入、直接成本、毛利、综合管理费用、折旧前利润、折旧、财务费用等。

3. 资产负债表

资产负债表反映了企业当期的财务状况，具体包括现金、应收款、在制品、产成品、原材料等流动资产；土地和建筑、机器与设备、在建工程等固定资产；长期负债、短期负债、特别贷款、应交税金等负债；股东资本、利润留存、年度净利等所有者权益项目。

二、巡盘

巡盘是指现场查看其他参赛队计算机上记录其运营信息内容的过程。所以在巡盘时尽可能多地记录下对手信息，比如现金流、贷款额度、ISO 资格认证、市场开拓、产品研发、原材料的订单及库存、订单详情、生产线的类型、成品库存等，然后逐一分析，研判其下一步的发展方向和运营情况，找出潜在的主要竞争对手。

巡盘的作用主要表现在：

（1）获取商业情报。

（2）找出主要竞争对手。

（3）辅助企业进行经营战略方针的制订和调整。

任务实施

一、填制"三表"

步骤一：进入财务报表填写界面

结束本年运营后，单击"填写报表"按钮，进入填写报表界面，如图3-4所示。

图 3-4 "填写报表"操作界面

步骤二：填写"三表"的内容与要求

1. "综合费用表"的填写内容与要求，见表3-7和图3-5。

表 3-7 综合费用表（物理沙盘）

项　目	金额（W）	备　注	填表内容及要求
管理费			当期管理费用合计 管理费用在经营每个季末支付
广告费			年初投入广告费及竞单费用合计
设备维护费			生产设备当期维护费的合计 在当年结束经营前支付 在建固定资产不支付维护费 当年建好固定资产应支付维护费
租金			当期租用厂房的租金费用合计 每年在租厂房的费用按季度分厂房支付
转产费			生产线转产其他产品的费用，按具体规则要求执行

（续）

项　目	金额（W）	备　注	填表内容及要求
市场准入开拓		□本地　□区域　□国内 □亚洲　□国际	当期开拓市场支付费用合计 市场开拓在每个经营周期的期末进行
ISO 资格认证		□ ISO9000　□ 1SO14000	当期 ISO 资格认证支付费用合计 ISO 资格认证在每个经营周期的期末进行
产品研发费		P1（　）　P2（　）　P3（　）　P4（　）　P5（　）	产品研发费用的合计，按具体规则要求
信息费			进行间谍活动获取商业信息所支付的费用
其他			除上述之外的综合费用，主要指损失费用， 包括紧急采购损失及违约罚款等
合计			

图 3-5　"综合费用表"界面（电子沙盘）

2.　"利润表"的填写内容与要求，见表 3-8 和图 3-6。

表 3-8　利润表（物理沙盘）

项　目	本年数（W）	填表内容及要求
销售收入		当期按订单交货后取得的收入总额
直接成本		当期销售产品的总成本
毛利		= 销售收入 – 直接成本
综合管理费用		根据"综合费用表"合计数填列
折旧前利润		= 销售毛利 – 综合费用
折旧		当期生产线折旧总额 当年建成不折旧第二年按规则折旧
支付利息前利润		= 折旧前利润 – 折旧
财务费用（利息 + 贴息）		当期借款所产生的利息 和应收账款贴现产生的贴息总额
税前利润		= 支付利息前利润 – 财务费用
所得税		所得税费用 = 应纳税所得额 × 所得税税率 应纳税所得额 = 税前利润 – 以前年度未弥补亏损金额
净利润		= 税前利润 – 所得税

图 3-6 "利润表"界面（电子沙盘）

3. "资产负债表"的填写内容与要求，见表 3-9 和图 3-7。

表 3-9 资产负债表（物理沙盘）

资　产	金额（W）	填表内容及要求	负债和所有者权益	金额（W）	填表内容及要求
流动资产			**负债**		
现金		企业现金结存数填列	长期负债		长期借款余额填列
应收款		应收款余额填列	短期负债		短期借款余额填列
在制品		在产的产品成本填列	特别贷款		后台特别贷款总额填列（一般不会遇到）
产成品		结存在库的完工产品总成本填列	应交税金		计算出的应缴纳的所得税金额填列
原材料		结存在库的原材料总成本填列	一年内到期的长期负债		
流动资产合计			**负债合计**		
固定资产			**所有者权益**		
土地和建筑		购入的厂房总价值填列	股东资本		企业收到的股东注资总额填列
机器与设备		企业拥有的已经建造完成的生产线的总净值填列	利润留存		截至上年末企业的利润结存情况填列（即上年利润留存＋上年年度净利）
在建工程		企业拥有的在建的生产线的总价值填列	年度净利		本年度的利润表中的净利润填列
固定资产合计			**所有者权益合计**		
资产总计			**负债和所有者权益总计**		

综合费用表
综合费用表
利润表
资产负债表
资产
期末
负债和所有者权益
期末
流动资产:
负债:
现金
0 W
长期负债
0 W
应收款
0 W
短期负债
0 W
在制品
0 W
特别贷款
0 W
产成品
0 W
应交税金
0 W
原材料
0 W
一年内到期的长期负债
0 W
流动资产合计
0W
负债合计
0W
固定资产:
所有者权益:
提交
保存

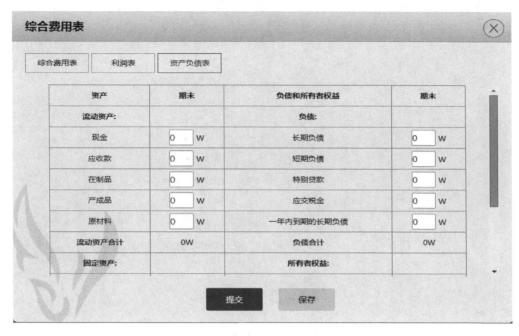

图 3-7 “资产负债表”界面（电子沙盘）

步骤三：保存并提交财务报表

检查确认“三表”填写无误后，单击“提交”“确定”按钮提示“操作成功”。若不成功，系统会提示报表填写错误，如图 3-8 ～图 3-10 所示。

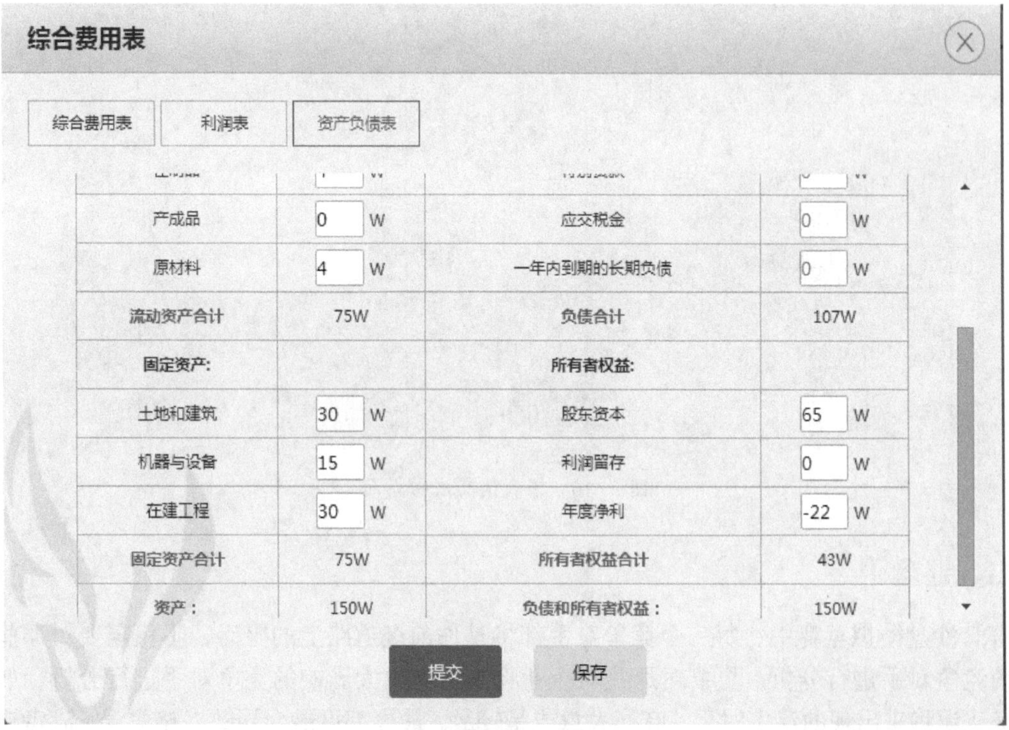

综合费用表
综合费用表
利润表
资产负债表
产成品
0 W
应交税金
0 W
原材料
4 W
一年内到期的长期负债
0 W
流动资产合计
75W
负债合计
107W
固定资产:
所有者权益:
土地和建筑
30 W
股东资本
65 W
机器与设备
15 W
利润留存
0 W
在建工程
30 W
年度净利
-22 W
固定资产合计
75W
所有者权益合计
43W
资产：
150W
负债和所有者权益：
150W
提交
保存

图 3-8 报表提交界面

图 3-9　报表提交确定界面

图 3-10　报表提交成功界面

二、巡盘

ERP 沙盘模拟竞赛中，每一个竞争对手都将是你前进道路上的阻碍，不仅需要对那些现已存在的竞争对手进行分析，更要对那些对企业将来产生重大影响的竞争对手进行分析。如果未能正确认识将来出现的竞争对手，麻痹大意或是轻敌，最终都可能会导致战略失误，满盘皆输。所以，认真巡盘，及时掌握竞争对手信息资料并加以分析尤为重要。

在 ERP 沙盘系统中了解、掌握竞争对手信息，主要是通过每年年末各企业经营完成后下发的"三表"获得的，从"三表"中能够查看各企业年末的经营成果并了解企业的运营状况。除此之外，我们还可以通过巡盘或间谍的方式来更加全面地分析各企业的运营状况。

根据比赛规则，间谍行为会产生费用（信息费 1W），而为了避免不必要的开销，企业通常会以巡盘（直接到其他企业计算机上查看并记录信息内容）的方式来了解各企业信息。巡盘获取的主要信息包括生产资格、生产线、市场开拓状况、库存等基本信息，还应该包括新建生产线、原材料订购等其他信息。通过巡盘掌握各企业关键经营信息，可以帮助我们判断出各企业下一年的发展意图和方向，例如是否会进入潜在市场，是否会退出竞争市场等，从而使自己下一步的计划更完整、更精准。巡盘表见表 3-10。

表 3-10　巡盘表

现　金	已研发产品	已建生产线	市场开拓	原材料订购

贷　款	研发中产品	在建生产线	库存产品	库存原材料

三、分析财务报表，调整营运战略方针

企业财务报表分析的主要任务是分析企业的偿债能力、盈利能力、营运能力和发展能力等内容。

（1）偿债能力：是指企业用其资产偿还长期债务与短期债务的能力。企业支付现金和偿还债务的能力，是企业能否健康生存发展的关键。企业偿债能力分析是企业财务分析的重要组成部分，通常采用指标分析法进行分析，主要使用的指标有流动比率、速动比率等。

（2）盈利能力：是指企业赚取利润的能力。同样可以采用指标分析法，主要使用的指标有销售净利率、销售毛利率、资产净利率等。

（3）营运能力：是指企业营运资产的效率与效益。企业营运资产的效率主要指资产的周转率或周转速度；企业营运资产的效益通常是指企业的产出量与资产占用量之间的比率。

（4）发展能力：也称企业的成长性，它是指企业通过自身的生产经营活动，不断扩大、积累而形成的发展潜能。通常可以采用销售增长率和净收益增长率等指标来进行分析。

通过以上分析，再结合企业自身和外部运营环境调整其未来营运战略方针，保障企业安全、持续发展。

任务拓展

扫描二维码，运用"流动比率""速动比率"等指标对数据进行分析，从而获得有效信息。

指标分析

广告的投放在提交报表、巡盘分析之后进行，此操作直接影响当年订货会中订单选择的机会，因此广告的投放具有十分重要的作用。而对于广告应该怎么投、投入多少等问题没有统一通用的模式，不同的规则、不同的市场、不同的产品、不同的竞争对手都会导致广告投放策略的不同。

任务描述

内容

1. 掌握投放广告的诀窍。
2. 掌握选择订货会订单的要求。

要求

1. 根据市场预测和对竞争对手的分析，投放广告。
2. 选择对自己有利的订单。

知识储备

一、投放广告

为获取选单机会，将下一年生产的产品销售出去，在上年提交报表之后要为下一年投放广告。投放时要分地区、分产品，未完成市场开拓的市场不能投放广告。广告的投放策略要依据规则要求合理制订，并根据市场竞争程度、企业自身的产能、发展战略、竞争对手的广告投放计划等多方面因素综合考虑。

投放广告规则要求：

（1）投入1W产品广告费，可获得一次拿单机会，一次机会只允许拿取一张订单，之后每增加一次拿单机会需要多投入2W产品广告费。

（2）在选单时，根据广告投放情况，安排选单顺序，具体排序方法如下：

1）按每个市场单一产品广告投入量大小，企业依次选择订单。

2）如果某市场某产品广告投入相同，则比较该产品所有市场广告投入之和。

3）如果单一产品所有市场广告投入相同，则比较所有产品、所有市场两者的广告总投入。

4）如果所有产品、所有市场的广告总投入也相同，则根据提交广告方案的先后顺序，确定选单顺序。

（3）每轮按顺序只能选取一张订单，不需要对 ISO 资质单独投放广告。在投放广告窗口中，市场名称为红色的表示该市场尚未开拓完成，不可投放广告，但产品资格未开发完成的可以投放广告。

（4）完成所有市场、产品的广告投放并确认支付后，不能再返回更改。

二、参加订货会

参加订货会是指选择销售订单的过程。选取订货会订单也应遵守相应的规则与要求：

（1）订单内容由市场、产品、数量、总价、交货期、账期、特殊要求等要素构成。

（2）订单内容里的交货期代表交货期限，若为 2 季，则表明第 2 季度内必须交货。如果由于产能不足或其他原因，导致到期不能交货的，交货时扣除该张订单总额的 25%（四舍五入取整）作为违约金。违约金计入综合费用表的"损失"类。

（3）订单内容里的账期代表客户收货时货款的交付方式。若为 0 账期，代表现金付款；若为 4 账期，代表客户 4 个季度后才能付款。

（4）如果订单内容包含了"ISO9000"或"ISO14000"字样的，表明生产单位必须取得相应 ISO 资格认证，并投放了认证的广告费，才能得到这张订单。订单信息界面如图 3-11 所示。

订单信息

订单编号	市场	产品	数量	总价	状态	得单年份	交货期	账期	ISO	交货时间
25-0534	本地	P3	4	33W	未到期	第5年	2季	1季	-	-
25-0541	本地	P4	5	49W	未到期	第5年	3季	2季	9	-
25-0566	区域	P3	5	42W	未到期	第5年	4季	2季	9 14	-
25-0577	区域	P4	6	60W	未到期	第5年	4季	2季	9 14	-
25-0608	国内	P3	5	39W	未到期	第5年	4季	2季	-	-
25-0617	国内	P4	5	48W	未到期	第5年	4季	3季	9	-

图 3-11 "订单信息"界面

任务实施

一、投放广告

步骤一：预测分析市场、制订广告策略

投放广告是整个运营过程中的重点工作之一。广告策略的制订就是为了将营销目标具体化、可实践化，是企业在营销活动中为取得最大的效果而运用的手段和方法。广告费用投入对经济效益产出的贡献度是评价广告策略好坏的标准，最佳的广告策略是以最少的广告投入获得最大的效益。

面对不断变化的市场和竞争，我们的策略不能一成不变，必须利用获得的竞争对手的信息和市场预测得出的数据，对竞争对手进行全面分析，因为竞争者与自身在产品组合和具体策略上都十分相似，究竟是利用差异化策略来规避风险还是采用激进的方式击败对手，都需要对竞争对手的动态进行全面了解，最终再通过经验分析来确定广告的投放策略。

面对不同的企业目标和内部环境，广告投放的策略也应存在差异。在同一个市场中，能使企业获利最多且更有发展空间的策略才是最好的，所以，广告投放策略要与企业目标相匹配，而广告策略的获利能力是衡量其是否有效的关键。

投放广告的策略不仅仅是单纯的数额大小问题，从制订到实施的每一个环节同样需要我们不断进行预测和修正。在制订策略的过程中，首先，对内部因素进行定性、定量的分析，综合分析各要素的具体情况，再确定企业整体的目标，使广告的实际投放能达到最优效果。其次，将策略带来的结果与其他策略进行效益分析对比，找出策略间的差距。最后，通过对市场需求量与订单数量的计算分析，再结合企业自身的产能，确定在某一个市场或多个市场投放合适的广告费。

下面，通过以下实例，分析市场情况并制订广告投放策略，详情见表3-11。

表3-11　第2年市场预测表

市场预测表——均价						
序号	年份	产品	本地	区域	国内	亚洲	国际
1	第2年	P1	4.98	5.06	0	0	0
市场预测表——需求量						
序号	年份	产品	本地	区域	国内	亚洲	国际
1	第2年	P1	44	32	0	0	0
市场预测表——订单数量						
序号	年份	产品	本地	区域	国内	亚洲	国际
1	第2年	P1	13	11	0	0	0

根据市场预测表得出P1产品同时进入本地和区域两个市场，从两个市场的需求量和订单数量分析得出，本地的均单数量（需求量÷订单数）大于区域的均单数量，结合企业自身产能，可以选择在均单数量较大的市场投入更高广告费，便于取得更多的订单。另外，根据均价表可以知道区域市场的单品收益更高，所以，也可在区域市场投入适当的广告费以取得更高收益的订单。

由于受到市场容量和竞争者多寡的影响，在发展的初期，广告费用的投放与企业规模之间呈正相关。但随着市场的逐步扩大和市场的自然淘汰，广告的投放额则会在一定范围内波动。此时，正是修正广告投放量以减少广告成本、增加利润率的关键时刻，过多或过少的投放都会对企业产生影响。广告利润率也会受市场发展、产品价格等因素影响，而出现阶段性的峰值，所以，企业要控制广告费的投放方向与额度，规避由于市场变化和竞争者策略变化带来的风险。企业的广告投放策略应当根据不同的细分市场，结合企业自身的目标来进行调整，使得广告投放的效益最大化。

步骤二：投放广告

通过分析竞争对手和自身实力得到结论，分产品、分市场投放广告费用。此时应注意，广告投放确认后是不能更改的，所以操作人员操作时必须仔细、谨慎，避免出现投错产品、投错市场、投错金额等现象，造成不可挽回的局面。"投放广告"界面如图3-12所示。

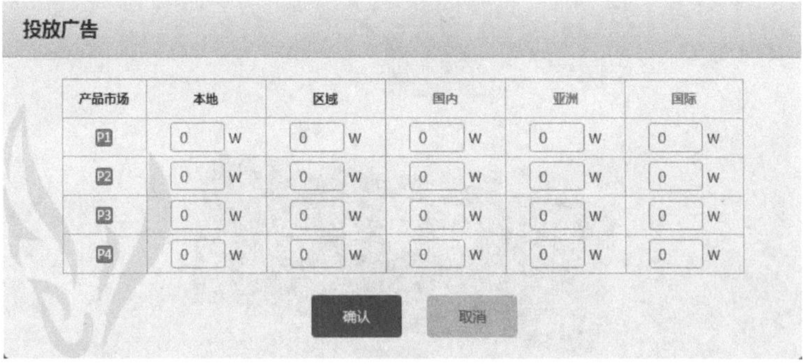

图 3-12 “投放广告”界面

二、参加订货会

广告投放后参加订货会选单，选择最有价值的销售订单对企业来讲具有重要的意义，它是企业提高利润、增加所有者权益和销售收入的主要途径。

销售订单的选取不仅需要有敏锐的洞察力和准确的判断力，能够察觉瞬息万变的市场态势，把握稍纵即逝的商机，同时还需要考虑以下几个方面的条件：

1. 自身条件

企业自身条件主要包括实际产能、能够生产的产品种类以及企业的财务状况等。

2. 订单条件

订单条件主要是指产品的销售总价、单价和数量，产品的交货期和账期，选择订单的限制条件（ISO 资格认证等）。

正常赛制一般为单一开放市场（也有多个市场同时开放的情况）。订单的选择需要在短短的几十秒内完成（通常为 45 秒），那么就需要选手在最短的时间内分析所有的数据并权衡利弊、做出选择。在选单过程中可先将单价、数量、交货期、账期分别进行排序，再根据以上条件来选择企业需要的销售订单。“参加订货会”界面如图 3-13 所示。

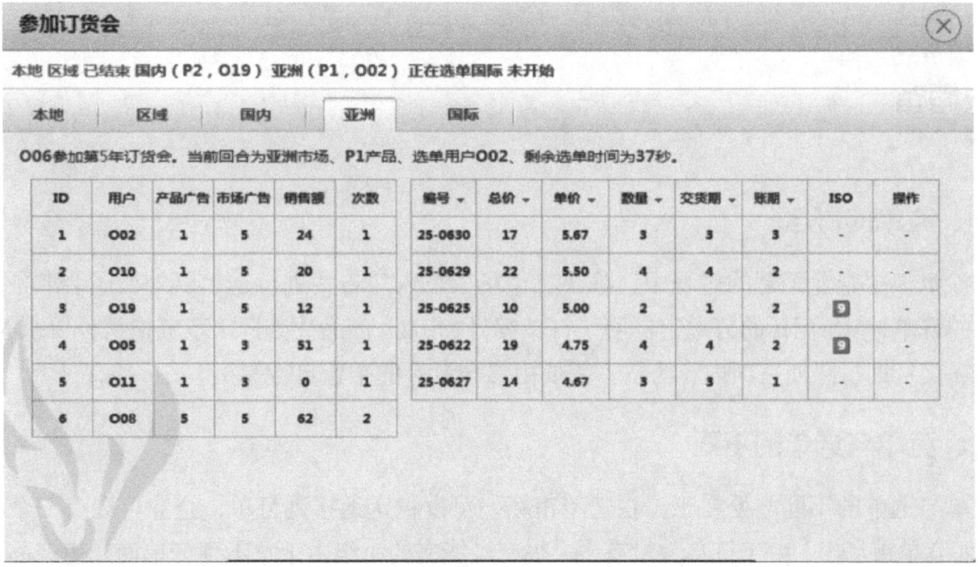

ID	用户	产品广告	市场广告	销售额	次数
1	O02	1	5	24	1
2	O10	1	5	20	1
3	O19	1	5	12	1
4	O05	1	3	51	1
5	O11	1	3	0	1
6	O08	5	5	62	2

编号	总价	单价	数量	交货期	账期	ISO	操作
25-0630	17	5.67	3	3	3	-	-
25-0629	22	5.50	4	4	2	-	-
25-0625	10	5.00	2	1	2	9	-
25-0622	19	4.75	4	4	2	9	-
25-0627	14	4.67	3	3	1	-	-

图 3-13 “参加订货会”界面

沙盘是一项充满对抗的模拟游戏，而其对抗性最直接的体现就是订单获取的过程。在企业的经营过程中，订单的获取有两种方式：选单和竞单。竞单市场中蕴含的巨大利润是每个模拟企业都无法抗拒的诱惑，然而高回报势必伴有高风险，如何做好周密安排，运筹帷幄，最终取得胜利，需要模拟企业做好各方面的统筹规划。

任务描述

内容

1. 了解什么是竞单。
2. 掌握竞单规则。
3. 掌握影响竞单成功的因素。

要求

在进入本项目的学习之前，要先对沙盘模拟企业的运营规则了解透彻，知道如何进行选单。

知识储备

一、竞单的概念

在沙盘模拟企业经营的过程中，除了在市场中投入广告费进行选单以外，还会准备一些用于竞标的订单，参与竞标的订单上标明了订单编号、市场、产品、数量、ISO资格认证要求等信息，而总价、交货期、账期三项内容为空，需要由参与竞标的企业自行填报。

二、竞单与选单的不同

竞单与选单的不同之处在于：在选单市场，可以稳定地接到订单，企业可以有一个稳定的增长；而竞单市场上，由于订单数量有限，很有可能有的小组由于拿不到订单而产生产品积压，或为了拿到订单而打价格战，甚至出现低于成本价销售的状况。总的来说，竞单市场的风险明显高于选单市场。

任务实施

一、竞单前的分析

1. 自我分析

生产与销售不能脱节。在竞单时，除了分析自身产能、流动资金、库存等情况，还要充分考虑企业的实际状况，做好选单与竞单的比例分配。参与竞单的产品数量越大，收益越高，其对应的风险也越大。在这一环节，需要着重考虑产品的品种、数量、生产周期、账期等因素，如果竞单失败，很可能会因为拿不到订单而导致产品积压，使企业资金链断裂而破产。

2. 竞争对手分析

市场是充满竞争的，知己知彼才能百战不殆，商业间谍的作用在这里就得到了充分的体现。如果对竞争对手不了解，不做分析、不制订应对策略，很有可能会惨败。所以，在看盘期间，要对竞争对手进行以下分析：

（1）生产能力：生产线的更新改造、可生产产品的种类。

（2）库存状况：库存原材料数量、原材料订单、库存产品数量。

（3）资金状况：应收账款、应付账款、长短期贷款的偿还情况。

（4）资质状况：市场准入资格、ISO 资格认证。

二、竞单规则

（1）参与竞单需要有相应市场准入资格、ISO 资格认证，但无须具备生产资格。

（2）中标的企业需为该单支付 1W 标书费，计入广告费。

（3）参与竞单的订单上总价、交货期、账期为空，由参与竞单的公司在规定时间内填写。

（4）总价不能低于（可以等于）成本价，也不能高于（可以等于）成本价的 3 倍。

（5）必须要有一定的库存现金作为保证金，用于支付标书费。

（6）竞单的获得者是根据公式计算出来的，得分 =100+（5- 交货期）×4+ 账期 - 总价。得分高者得订单，若得分相同则先提交者得订单。

（7）应为竞单留足时间，若在倒计时小于 10 秒时提交订单，则订单无效。

（8）破产企业不得参与竞单。

三、总价、交货期和账期

根据竞单得分的计算公式，我们可以得出以下结论：

1. 总价

总价越低，得分会越高。因此某些企业为了获得竞单，采取低价等恶意竞争的方式，以成本价来竞单，虽然最终得分会比较高，但会造成收益低下的后果，损人不利己，得不偿失。

2. 交货期

交货期的长短对产品单价的影响最大，交货期越短，单价越高，得分越高。因此，在竞单市场中，应尽量选择交货期短的产品，若有相应的库存产品来参与竞单，就会在交货期上保持优势，胜算会更大一些。另外，企业的产能对交货期也有较大影响，产能越大，交货期越短，成功竞单的概率也就越大。

3. 账期

账期越长，单价越高，得分越高。但是应收账款的账期越长，代表可收回资金的时间越长，不利于企业资金的回收和控制。

竞单的成功与否，跟市场和竞争对手的策略有较大关系。在充分进行了市场调研的情况下，可以得到大量的信息，如果大家的产能都很大，选单市场容量也很大，就需要主动出击，参与竞单；但是如果选单市场容量较小，而产能很大，这就需要仔细思考竞单的必要性了。因此，在实际的操作中，应该根据当时的具体情况进行分析，制订合理的竞单策略。

任务拓展

扫描二维码，下载沙盘竞单分析表，感受总价、交货期、账期对最终得分的影响。

竞单分析表

单元四

经营战术分析

单元导读

本单元主要讲解在沙盘经营的过程中，如何最大化团队的作用，发挥团队力量，并从团队合作的重要性、典型策略解析以及经典案例分析三个方面进行重点阐述。

学习目标

了解团队的作用、团队合作的意义；理解沙盘经营的典型策略，学会根据团队实际情况制订策略；学会分析经典案例，取长补短。

项目一
团队合作

团队合作的核心是资源整合与职责分配，其中，资源整合的目的就是把团队中的力量化零为整。ERP沙盘模拟企业经营是一个流程性很强的系统，独木不成林，任何角色都不能单独存在，每个职位上的成员都是企业发展的基石，做出的每一个决定都将影响企业的运营，只有整合了每个成员的力量，才能让企业取得卓越的经营成绩。

任务描述

内容

1. 了解什么是团队。
2. 了解影响团队合作的因素。
3. 掌握如何开展团队合作。
4. 理解团队合作的意义。

要求

在进入本项目的学习之前，应结合前面的学习成果和已完成的角色模拟，并且思考，如果你是总经理（或财务总监、运营总监、营销总监），你会如何开展工作？

知识储备

一、团队的概念

1944 年，美国著名的管理学教授斯蒂芬·罗宾斯首次提出了"团队"的概念：为了实现某一目标而相互协作的个体所组成的正式群体。团队合作就是一个有共同目标的整体，一群有能力、有信念的人，相互支持、相互补充，积极合作来实现其目标的过程。通过团队合作，可以极大地调动团队成员的所有才智和资源。

在沙盘模拟中，一个企业的团队包括总经理、财务总监、运营总监和营销总监，所有成员有一个共同的目标——让企业的利润最大化，成员们需要为了实现这一目标而努力。所以，各个部门的成员需要积极开展团队合作，让模拟企业能够持续经营并实现利润最大化。

二、影响团队合作的因素

1. 冲突

在经营过程中，团队成员之间出现冲突是非常正常的，我们需要判断这种冲突是恶性的还是良性的。在经营过程中，应尽量避免出现恶性冲突，如激烈的争吵、公然违抗总经理的指令等，这些会导致团队出现不和谐的音符，从而造成人心涣散。而良性冲突，比如对资金安排提出合理化建议，讨论进军哪个潜在市场等，其出发点是有利于企业发展的。企业的主要管理者——总经理，不应该把良性冲突视为对领导权威的挑战，反而应鼓励有建设性的良性冲突，并通过团队讨论和果断决策的方式加以解决。只有在不断发生冲突、不断解决冲突的过程中，才能更好地建立一个高效、统一的团队。

需要注意的是，任何冲突都是围绕解决生产经营问题、促进企业发展壮大而出现的，一旦违背团队目标和企业的经营目标，就会由良性冲突演变成恶性冲突。

2. 个人定位

（1）团队中每个成员都应该明确一点：各司其职、各负其责，做好自己的本职工作才是对团队最大的贡献。那么，如何才能做好自己的本职工作呢？

质——保证完成的质量。要充分领会总经理安排的任务要求，并努力以超越期望、高质量地完成任务。

量——保证完成全部的工作量。在各自的岗位上，应该完成哪些任务，是每个成员必须清晰且必须足额完成的。

时——保证完成任务的时间节点在要求范围内。

（2）有清晰的自我认知。认清自己的优势和不足，努力让优势成为团队的助力。团队中不需要每个人都是全能精英，只要能出色完成自己的本职工作就是好队友。认清自我，也是开展团队合作的重要前提。

（3）愿意为了团队贡献自己的成果。不遗余力、不藏私心才能促进团队的和谐成长。

（4）作为团队的一员，应认同并服从团队领导——总经理的权威，在自己的职责范围内严格执行其下达的任务。

3. 合作意识

一个和尚挑水喝，两个和尚抬水喝，三个和尚没水喝。虽然三个和尚是一个群体，但由于相互推诿、不讲协作，导致最后连水都喝不上。企业的运营，离不开所有成员的合作。团队合作是一个永无止境的过程，通过相互合作，取他人的长处来弥补自身的不足，促进团队的和谐，帮助自身和团队不断成长。沙盘模拟企业经营竞赛能否最终胜出，能否在最终经营年取得最好的收益，是由团队各位成员的合作关系决定的。企业强调的是集体业绩而不是个人成就，需要调动团队所有成员的才智和资源。孤雁难飞，即便神通广大的孙悟空，也无法独自完成西天取经的任务。同心山成玉，协力土变金，只有当团队所有成员都通力合作时，才能激发出不可思议的集体力量，才能创造出辉煌的成绩。

三、团队合作的意义

古语有云："千人同心，则得千人之力；万人异心，则无一人之用。"企业的成功离不开团队合作,只有将个人目标与团队目标紧密地结合起来,才能发挥团队合作的最大优势,才能产生 1+1>2 的效果。沙盘模拟企业经营能够取得成功,依靠的不仅是一个人的努力,而是一个团队的共同协作、各部门的相互配合——市场部的广告费用投入需要考虑到车间的产能,生产部门投入的原材料需要考虑接到订单的数量,财务部门要进行资金分析以保证企业的正常运转……而团队合作的效果又取决于总经理的运筹帷幄。所以,学会与他人合作,才能让企业走得更远,发展得更强大。

任务实施

如何实现团队合作

1. 目标清晰

由于 ERP 沙盘模拟企业经营是一个典型的"以销定产"的经营模式,追求的是企业利润最大化、资源利用最优化目标。在企业经营的过程中,团队应当有一个明确的目标。取胜的关键不仅在于团队能力,还在于团队间成员的默契合作。只有所有成员都在为这一共同的目标奋斗,才会在危机出现时转危为安,才能在充满变化的市场竞争中找出制胜之道。

2. 信息通畅

在"以销定产"的模式下,营销总监必须对市场进行深入分析,确定应该研发的产品和需要开拓的市场。运营总监根据营销总监提供的信息做好生产计划,研究是否需要更新生产线,及时下原材料订单,保证完成生产任务;财务总监除了计算现金流、填制报表以外,还应控制现金收支和债务安排。这所有的一切,都要通过总经理下达指令来统筹规划与安排,同时接受各岗位的信息反馈。企业各个成员之间的信息应该是透明的,任何一个环节的信息受阻,都可能导致总经理及其他成员做出错误决策,从而影响企业的运营。

3. 有效沟通

企业各成员间的有效沟通是保持团队生命力的必要条件。在每个年度的经营过程中,要随时对企业运行过程中出现的问题进行讨论和总结,形成多向、立体化的沟通网络。无论何时,要善于倾听他人的意见,直截了当地发表自己的看法。总经理应充分考虑每个人的意见,并做出决策。出现经营失误,要勇于承担责任,而不是相互指责;发现别人的问题,要勇于指出,而不是心怀怨恨;别人提出的金点子,要积极肯定,而不是打击否定。在各种经营会议、临时讨论中,要积极打破团队成员的沉默,勇敢地表达自己的意见,并认真倾听他人的观点,才会让每一次沟通产生真正的效果。

4. 相互信任

相互信任,团队成员才会愿意合作,信息共享才更加流畅,成员个体才会对企业忠诚,团队工作才能顺利开展。信任他人，最重要的就是要先毫无保留地表达自己的想法。总经理对公司的规划统筹，财务总监对资金的总体安排，市场总监对市场的研判，运营总监的生产计划等，只有将自己最真实的想法表达出来，才能让团队得到最有价值的信息。信任是合作的基石，只有在一个充满相互信任的团队中，成员们才会明白，任何的"不同意"都不是为了故意刁难和阻挠，而是为了尽快找到最优的解决方案。信任是团队良好合作的基础，是可以化腐朽为神奇的力量，可以让团队凝聚出远远高于个人能力的团队力量，可以创造巨大的团队绩效。

5. 分工明确

知人善用，人尽其才。团队分工是为了发挥整体效能，提高工作效率，充分发挥每个人的特长优势。在模拟企业经营过程中，所有成员都应该清楚，团队的领导者是总经理，所有成员必须服从总经理的领导，才能统一开展企业运营。每个成员都需要独当一面，他们的有效工作是总经理做出正确决策的基础。

任务拓展

团队合作小游戏

游戏一：萝卜蹲

1. 操作步骤

（1）每个小组围成一个圆形，每个人的名字为小组角色名。

（2）任意指定一名角色蹲下，同时还要念台词，如"CEO 蹲，CEO 蹲，CEO 蹲完 CMO 蹲……"。

2. 游戏目的

（1）锻炼团队成员的反应能力。

（2）增进团队成员的默契度。

游戏二：找零钱

1. 道具准备：若干 3 分钟时长的背景音乐。

2. 操作步骤

（1）假设男生代表 5 角钱，女生代表 1 元钱。

（2）参加游戏者根据现场提示的金额自由组合，最快组合完毕的小组即为获胜者。落单或者金额错误的视为失败，直接出局。

（3）获胜者和出局者代表分别上台分享经验与教训。

3. 游戏目的

（1）活跃团队气氛。

（2）让大家了解每个人都有其存在的价值，从而懂得互相尊重和珍惜。

项目二
典型策略

本项目的主要内容包括策略的简单介绍、策略制订的方法以及对几种典型的策略进行分析。制订策略本来就是一个非常复杂的博弈过程，需要深入分析具体比赛的规则并进行合理的市场预测才能得出较为合理的策略方案。沙盘模拟企业经营的设计思路充分体现了企业发展必然遵循的历史与逻辑关系，从企业的诞生到企业的发展壮大都与运营策略有着重要的联系。没有任何一种策略是绝对合理的，任何策略都有其优势和劣势，只有在运营过程中不断地调整策略去适应实际情况才能够取得进一步的成功。

任务①
制订经营策略

任务描述

内容

通过下面对沙盘模拟企业经营策略的介绍，明确策略对于沙盘经营的重要性，学习策略制订的具体步骤和方法。

要求

掌握策略制订的一般步骤，学会如何制订策略。

知识储备

一、策略的概念

广义上，策略是指为了实现某一个目标，预先根据可能出现的问题制订的若干对应的方案，并且在实现目标的过程中，根据形势的发展和变化来选择相应的方案或制订新的方案，最终实现目标。

从企业经营角度来讲，所谓策略就是在企业经营管理中，为了实现某一经营目标，在一定的市场环境条件下，为了实现经营目标而采取的一系列行动，如行动方针、发展方案和竞争方式等，均可称为经营策略。它规定了在可能发生的情况下，应该采取的行动。经营策略活动是一项复杂的脑力活动和需要理性思考的创造性活动，正确运用经营策略要满足三个条件：一是要按顺序采取行动，那种以后不能修改或变更的、以不变应万变的行动方针，不能称为经营策略；二是未来将会出现的情况是不确定的，如果可能发生的情况是确定的，就不必制订经营策略了；三是发生情况的不确定性随着信息的获取而变小，要及时对得到的关于原来那些不确定事物的信息做出反应。实践中，这三个条件会经常出现，使制订经营策略的工作变得相当复杂。

开展沙盘模拟企业经营活动的目的是从最大限度上模拟出现实中的企业经营情景。从沙盘的角度出发，策略可以定义为：在竞争环境中，为实现模拟企业经营目标，充分考虑自身企业的内外部环境和可利用资源的前提下，制订出的关于企业融资、市场开拓、产品研发、生产线配置、广告投放等一系列方案的集合。本书所讨论的策略均为沙盘模拟企业经营策略。

二、沙盘模拟企业经营策略的特点

从沙盘模拟企业经营来说，我们所制订的策略一般有以下几个特点：

1. 全局性

它以企业整体发展为目标，规定了经营方向和整体行为，它对企业各个部门和各个层次的经营活动和管理行为都具有约束和指导作用。

2. 长期性

它以企业未来发展为指向，规定了企业在一个较长时期内的发展方针和目标。在调研分析和科学规划基础上，深谋远虑，谋求长期发展和长远利益。它既考虑企业现实，又制约着靠拼设备和滥用资源、只顾眼前利益的短期行为。

3. 方向性

它以发挥战略整体功能为指向，规定了企业的战略目标、战略重点和战略对策，是一种经营全局的战略决策，对企业一切经营活动和管理行为都具有权威性的纲领作用。

4. 对抗性

它以不断扩大企业市场占有率为指向，规定了寻求市场机会、排除风险威胁和与竞争对手竞争的策略，谋求企业竞争力的提高，获得企业竞争中的优势地位，使企业在激烈的竞争中持续发展。

5. 适应性

它以企业外部环境变化为指向，创造条件，采取相应对策实现战略目标。在保持相对稳定的基础上，不断追踪市场环境变化。与时俱进地做出必要的调整，从而确保企业经营战略目标与市场环境变化不断适应，保持"适应——稳定——应变——再适应"的良性循环。

三、沙盘模拟企业经营策略的构成

沙盘模拟企业经营中，总体策略的制订非常复杂，因为会受到多方面因素的影响，还会受到有限资源的约束，最终由一系列的具体运营方案所构成。

1. 产品方案

产品方案，又称产品组合，是指模拟企业经营者通过对市场的分析和对全局的把控，决定研发和生产一种或多种产品开局，后续研发和生产哪些产品作为补充。例如，在开局研发和生产 P1 和 P2 产品，在后续的经营过程中研发和生产 P3 和 P4 产品。

2. 市场方案

市场方案，是指模拟企业经营者通过分析确定开拓细分市场的方案。中职学生所使用的沙盘，一般包括本地市场、区域市场、国内市场、亚洲市场和国际市场，每一个市场都有不同的开拓时间和开拓费用。对于经营者来说，开拓市场的方案，也关系到全局策略的制订。

3. 生产线配置方案

生产线配置方案，是指模拟企业经营者通过分析决定建设或租用生产线种类和数量的方案。在中职学生所使用的沙盘教学规则中，生产线种类一般有手工线、超级手工线、半自动线、自动线、柔性线等。不同的生产线需要不同的建设时间以及不同的资金投入，生产周期、维护费用以及折旧费用也不相同。这就需要经营者根据需要制订生产线配置的方案以达到企业经营的目标。在配置生产线的同时还要考虑厂房的规划，不同规则下，厂房的容积不同，购买和租赁的费用也不同，所以生产线配置方案中也包含厂房的规划方案。

4. 融资方案

融资方案，在沙盘模拟企业经营中，仅仅使用初始所有者权益进行运营是远远无法满足实际需要的。一般来说，沙盘规则允许经营者进行一定程度上的融资，融资的形式一般有长期贷款、短期贷款、资金贴现、特殊贷款、追加资本（沙盘比赛中不允许使用特殊贷款和追加资本）等。根据策略目标的不同，所使用的融资方案也会不同，例如，可以全部选择长期贷款的形式进行融资，也可以全部选择短期贷款的形式进行融资，同时也可以选择长期贷款和短期贷款相结合的形式进行融资。

5. 广告投放方案

广告投放方案，是指在经营过程中为了获取产品订单，在参加年度订货会议前，向具体市场投放一定金额的广告费用的方案。企业生产产品是为了获取利润，然而只有当企业获得产品订单时才能将产品售出，而获取订单的唯一途径就是在相应的市场中投放广告。所以，广告投放方案决定了企业的销售业绩，也决定了企业的利润获取。

6. 其他相关方案

在沙盘模拟企业经营过程中还需要制订许多其他方案，例如 ISO 资格认证方案、产品生产计划方案、原材料采购方案等。正是这一系列方案共同构成了企业的整体运营策略。这些方案是相互作用、相互制约的，其中任何一个方案进行改动，都会影响到整体方案的实施与变化。

任务实施

（1）分析市场和规则，明确运营目标。运营目标应当从实际出发，在进行了充分合理的市场分析后，模拟企业全体成员通过讨论，明确具体的运营目标，有针对性地制订相应的策略。

（2）根据运营目标制订具体方案，如产品组成、生产线配置、融资方案、广告投放等。

（3）形成具体方案后，使用资金预算表（见表 4-1）对其进行预算，修改不合理的方案，确保资金在不断流，保障企业正常运营。具体预算方法在单元三的项目三"预算及检验"中有详细介绍，在此不再赘述。

（4）根据市场预测模拟每年获得订单的情况，计算出每年经营结果，填写"综合费用表""利润表"和"资产负债表"，得出当年损益情况，对不合理的策略进行改进或者放弃。

（5）对各个备选方案进行对比，选出较优秀的方案。较优的方案一般来说产生的利润较多、资金预算相对流畅、综合发展潜力较大。

（6）对选出的方案进行风险评估，根据实际情况选择最终方案。由于市场和竞争对手的不确定性，不同方案的风险程度也有很大的区别。

（7）模拟在比赛过程中可能遇到的问题或突发情况，制订对策，并分析其对全局的影响。策略的制订是一个反复研究的过程，不仅仅是研究比赛规则和市场情况，更重要的是反复研究竞争对手的想法，和竞争对手进行博弈。这里谈到的策略仅是指开局的战略布局，而在实际比赛过程中，策略应当贯穿全过程。

表 4-1 资金预算表

项 目	第 1 季 度	第 2 季 度	第 3 季 度	第 4 季 度
期初库存现金				
贴现收入				
支付上年应交税				
市场广告投入				
长期贷款本息收支				
支付到期的短期贷款本息				
申请短期贷款				
支付原材料采购现金				
厂房租买开支				
支付生产线投资				
支付产品加工费用				
转产费用				
应收款到期收到现金				
支付产品研发投资				
支付管理费及厂房续租				
支付设备维护费用				
支付市场开拓费用				
支付 ISO 资格认证费				
违约金				
其他				
现金收入合计				
现金支出合计				
现金多余或不足				
贴现收到现金				
期末现金余额				

任务描述

内容

　　沙盘模拟企业经营的策略多种多样，下文着重介绍了几种典型的经营策略供大家学习。

要求

　　1. 分析各策略的优势和劣势。
　　2. 明确掌握策略的核心思想。
　　3. 能够在沙盘模拟企业经营实际操作过程中合理选择、运用各种策略。

知识储备

　　沙盘模拟企业经营对抗中，根据不同的规则和市场预测，制订出的策略也不相同；即使规则和市场相同，由于决策者的风险偏好程度不同，制订出的策略也不同；甚至就算是一模一样的开局策略也会产生不同的结果。所以不存在必胜的策略，在一定的范围内，市场和对手的不确定性决定了策略的多样性。在介绍典型策略之前，我们将一般情况下的产品特点总结如下：

1. P1——生产成本低，前期需求大

　　P1的研发周期一般只需要2季，所以前两年P1的竞争比较激烈。一般情况下，P1的价格在第2年比较适中，第3、4年有所下降，第5年开始回升，第6年达到价格顶峰。

2. P2——生产成本不高，需求量稳定，材料补充快，研发周期短

　　倘若第1年在P1市场上没有占据优势，可以提前开拓P2市场来扩大产能，减少P1利润低的劣势，同时减少P1的广告压力。第3年之后，可以由P2向P3转型，反守为攻。

3. P3——利润高，研发费用较高，研发周期比P2稍长，生产成本比P4稍低

　　P3产品可以作为后期压制对手与翻盘的一把利剑，建议在第3年后主要生产P3来压制科技发展较慢的企业。一般来说，选择高端产品开局的竞争对手会把P4作为主要产品，致使P3市场较紧缺，而主打P3产品的企业则可以抓住机会以低广告费用来获取大量订单，从而产生竞争优势。

4. P4——研发费用高，生产成本高，研发周期长

　　在规则中，第2年即可销售P4，但订单数量有限，P4价格在第6年达到顶峰。风险往往与利润是成正比的，采用P4策略开局的企业通常比较激进，不过冒高风险来获取较为可观的利润

也不失为一种可选择的开局策略。但是，P4 产品积压库存却是致命的。P4 产品竞争的激烈程度关系着整个沙盘对抗的格局，直接或间接地影响着其他产品的竞争态势。

任务实施

本任务中以新道创业者电子沙盘为例，根据产品特点和中职学生所能接触到的应用场景，简要介绍几种典型策略。

一、保守型策略

1. 保守型策略的概念及主要内容

保守型策略是一种风险小、单位利润低、操作简单、适合新手的策略。保守型策略的优劣势分析如图 4-1 所示。

（1）产品方案：P1（P2）单产品、P1 和 P2 组合。

（2）生产线配置：购买厂房，建设手工线或者自动线。

（3）市场方案：开拓所有市场。

（4）融资方案：短期贷款。

（5）广告投放：不求压制对手，只求尽量售完产品。

（6）其他：ISO 资格认证、生产计划与原材料采购视具体情况而定。

优势（Strength）： 费用低，风险低。 在竞争激烈的条件下， 可以稳固提升权益。	劣势（Weakness）： 利润少，后期乏力。 不能成功转型，一直 只有较少利润。

图 4-1　保守型策略的优劣势分析

2. 优势

前期综合费用、生产成本较低，第 1 年权益相对较高，第 2 年可贷款金额较多；P1、P2 产品数量相对较多，竞争较小，可以用较少的广告费获取一定数量的订单，基本可以保证在第 2 年结束时权益有一定的提升。保守型策略的优势可以概括为以下几点：首先，从风险上来说，保守型策略无疑是风险最小的一种策略，这种策略谋求的是脚踏实地、小幅度地前进。如果通过分析市场和规则，得知市场竞争已非常激烈的话，那么保守型策略是一个非常好的选择。再者，保守型策略第 1 年使用费用较少，损失权益也较少，在第 2 年和第 3 年可以筹划转型。如果是采用纯手工线开局，转型的空间将会更大，可以根据具体的情况分析其他产品竞争的激烈程度，从而转向竞争较小、利润较大的产品。最后，这一策略的资金预算较为简单，原材料订购也不复杂，使用手工线或者自动线生产，产品构成较为单一，广告投放压力较小，适合学习沙盘的新手使用。

3. 劣势

保守型策略的劣势主要包括以下几个方面：首先，单位产品利润低，这是保守型策略不可避免的劣势，在保持权益的同时，利润的牺牲是无法避免的。其次，在市场竞争激烈程度不大的情况下，保守型策略和其他策略之间的权益差距将会逐渐拉大。保守型策略产能低、单位产品利润低这两个因素决定了其在一年的经营结束后只能产生较少的利润，如果高端产品（P3、P4）竞争不激烈，那么保守型策略与其他策略相比，利润差距会越来越大，从而导致最终获得的总利润较低，排名靠后。最后，保守型策略在比赛的后期容易被高端产品策略超越。在后期，生产高端产品的产能逐步提升，P3、P4产品的总数量和利润达到顶峰，如果保守型策略没有及时转型，很容易被主打高端产品的策略超越。

4. 策略要点

充分分析市场，在确定市场竞争激烈、其他策略风险较大的情况下，采用该策略。要有卧薪尝胆的精神，前期压缩费用的同时兼顾每一年能产生少量的利润。审时度势，把握好转型时机，不能保守过度。在发挥本策略优势的同时，尽量避免本策略的劣势。

二、激进型策略

激进型策略是一种高风险、高收益、操作难度较大的策略。激进型策略可以分为两大类型：产能激进策略和产品激进策略。

（一）产能激进策略

1. 产能激进策略的概念及主要内容

产能激进策略是指利用高产能带来的数量优势抢占市场份额，压缩竞争对手生存空间。产能激进策略的优劣势分析如图4-2所示。

（1）产品方案：一般选择数量和订单数较多的低端产品（如P1和P2产品组合）。

（2）生产线配置：购买或租赁厂房，建设多条手工线或自动线（极少情况也会使用柔性线）。

（3）市场方案：开拓所有市场。

（4）融资方案：长期贷款和短期贷款结合，尽量贷满长期贷款。

（5）广告投放：力求压制竞争对手，争取市场首单。

（6）其他：ISO资格认证、生产计划与原材料采购力求精准。

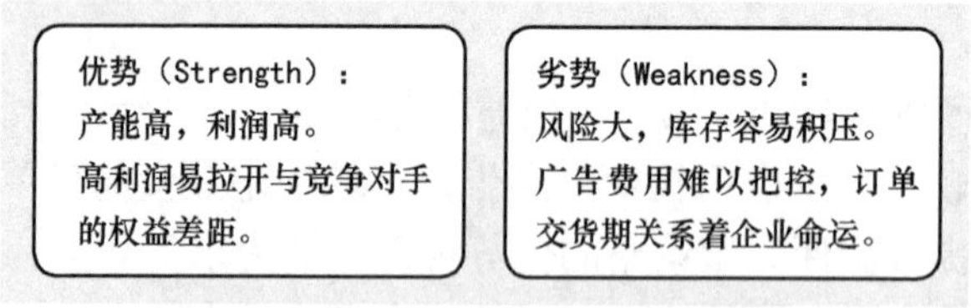

优势（Strength）：
产能高，利润高。
高利润易拉开与竞争对手的权益差距。

劣势（Weakness）：
风险大，库存容易积压。
广告费用难以把控，订单交货期关系着企业命运。

图4-2 产能激进策略的优劣势分析

2. 优势

整体来看，产能激进策略的优势是比较明显的。利用高产能生产低端产品，前期产品研发费用较低，虽然单位产品的利润不高，但是薄利多销，从数量上压制对手。采用高投入广告策略，牢牢占据市场份额，从而压制竞争对手的利润空间。利用有限的资源配置出最高的产能，往往是获取胜利的关键。在竞争对手忽略低端产品、将重心放在P3、P4等高端产品的时候，这种方案优势明显，让竞争对手望尘莫及。虽然P3、P4产品的单位利润高，但是投入的直接和间接成本也非常高，导致最后年度净利润并没有想象中的美好。在第2年、第3年与竞争对手拉开差距后，就有足够的实力进军高端市场，强大的资金优势可以迅速抢占高端市场的产品份额，直接对定位于高端产品市场的生产者产生巨大压力，把握市场主动权，同时也可以继续扩大产能，扩建自动线生产高端产品，最大限度压缩竞争对手的生存空间，拔得头筹。

3. 劣势

这种策略最大的劣势在于风险系数较大。首先，市场规模的大小、进入高端产品市场的难易程度对本策略的成功与否起着决定性作用。例如，在小于 15 组的市场，P3、P4 的研发费用较高，研发周期较长，这种情况下不建议使用本策略。由于进入 P3、P4 这样的高端产品市场需要一定的过程，开局几乎大部分企业都会选择 P1、P2 产品作为过渡，导致了 P1、P2 产品在第 2 年的竞争较为激烈。在这种情况下，本策略在第 2 年很难保证产品能全部售出，无法产生足够的收益，发挥不出高产能的优势从而导致中期乏力，后期也无法顺利进入高端产品市场，反而被压制在低端产品市场中随波逐流。其次，市场订单的交货期是本策略的第二大风险因素。仅仅从市场预测上来看，也许产品的数量、产品的订单数可以很好地满足本策略的产能要求，但是市场预测无法反映产品的交货期情况。市场的交货期对大量的自动线而言，是一个必须引起重视的因素，如果交货期整体较短，那么本策略将会产生大量库存，导致权益下降甚至破产。

4. 策略要点

全面掌握竞争对手的产品、产能信息；合理规避风险，在广告投入上力求压制竞争对手；巧妙选择订单，消除订单交货期带来的潜在风险；在不利的条件下善于改变策略以适应市场实际情况；在有利的条件下善于发挥产能和资金的优势占领市场，压缩竞争对手的生存空间。

（二）产品激进策略

1. 产品激进策略的概念及主要内容

产品激进策略以高端产品开局，利用获得的巨额利润扩大低端产品产能，压制竞争对手。产品激进策略的优劣势分析如图 4-3 所示。

（1）产品方案：一般选择高端产品组合（如 P3 和 P4 产品组合）或者高端产品与低端产品组合（如 P2 和 P4 产品组合），某些情况下选择三种产品的组合（如 P2、P3 和 P4 产品组合）。

（2）生产线配置：购买或租赁厂房，一般采用多条柔性线开局。

（3）市场方案：开拓所有市场。

（4）融资方案：长期贷款和短期贷款结合。

（5）广告投放：高端产品力求零库存，辅助产品补位。

（6）其他：ISO 资格认证、生产计划与原材料采购力求精准。

优势（Strength）： 单位产品利润高。 进入高端产品市场早， 低广告费，高利润。	劣势（Weakness）： 市场竞争激烈，风险较大。 前期费用高，容易出现资 金断流。

图 4-3　产品激进策略的优劣势分析

2. 优势

首先，对于产品激进策略而言，其最大的优势在于单位产品的利润较高。例如，每卖出一个 P4 产品获得的利润，相当于卖出 2 个 P1 产品。如果开局选择做高端产品的企业较少，在第 2 年会出现以低广告费用获取高利润产品订单的情况。例如，在 P4 的市场中以 1W 的广告费用获得 3 个 P4 的订单，每个 P4 的毛利在 5W 左右，那么除去广告费用后还有 14W 的利润。这些利润可以很好地弥补前期研发费用的投入，保证企业权益的提升，一旦确立了优势，那就意味着胜券在握。其次，在很多比赛的规则中，高端产品的门槛较高，如果没有第一时间进入到高端产品市场，在中期想要进入是比较困难的。所以，如果在前期能顺利进入高端市场赚取可观的利润，企业就可以迅速研发低端产品，扩大企业产能，压制竞争对手。

3. 劣势

与其他策略相比，产品激进策略与产能激进策略有着同样的劣势，就是风险较高。首先，一般情况下，P3、P4 的利润比 P1、P2 的利润高，本着追求利润的原则，在相同的产能下，企业决策者会优先选择生产利润高的产品，从而导致高端产品市场竞争激烈，从而导致各企业不得不加大广告投放力度，牺牲一部分利润来获取更多的订单。这种情况就会导致企业成本提高，需要通过大量的贴现来保证企业的正常运营。大量的贴现不仅会产生较高的财务费用，还会让企业进入一个不利的贴现循环之中，使企业入不敷出。其次，虽然高端产品市场在前期进入的难度较大，但是企业通过前几年经营中积累的一些权益，在第 5 年和第 6 年的运营中，同样可以进入 P3、P4 市场，此时，P3、P4 的市场竞争将会达到顶峰。如果采取产品激进策略的企业在这一阶段没有采取有效的应对措施，就有可能产生大量的库存而导致权益受损，从而丧失竞争力。

4. 策略要点

产品激进策略要求市场总监树立不怕竞争的信心，具备敏锐的市场嗅觉，有精确的广告投放能力，能掌握瞬息万变的市场动向。企业的决策者（总经理）要有魄力，在高端产品面临不利的情形下敢于壮士断腕，退而求其次，用低端产品补位。财务总监要有很强的业务能力，面对可能出现的资金断流问题要有稳妥的处理方案，对应收款贴现的时间和金额精打细算，尽量降低财务费用；生产计划的制订和订单的交付要满足在最短的时间内收到最多应收款的原则，从而降低企业的资金压力。

三、中庸型策略

1. 中庸型策略的概念及主要内容

中庸型策略是一种风险与收益适中、产品转型空间大、缺少爆发力的策略。中庸型策略的优劣势分析如图 4-4 所示。

（1）产品方案：一般以 P3 产品搭配低端产品，常见的是 P2 和 P3 产品组合。

（2）生产线配置：购买厂房，自动线和柔性线合理搭配。

（3）市场方案：开拓所有市场。

（4）融资方案：短期贷款。

（5）广告投放：视具体情况而定。

（6）其他：ISO 资格认证、生产计划和原材料采购有较大不确定性。

优势（Strength）：	劣势（Weakness）：
产品转型空间大，攻守兼备。P4产品竞争激烈的情况下，坐收渔翁之利。	缺乏爆发力。使用中庸型战略的竞争对手过多。

图 4-4　中庸型策略的优劣势分析

2. 优势

顾名思义，所谓中庸型策略是介于保守型策略和激进型策略之间的一种策略。从产品的选择上来看，P3产品似乎是鸡肋。前期不如P2产品的产量大，后期不如P4产品的利润多，而且P3产品门槛不高，这都是P3产品明显的特点。但正是由于这些特点的存在才导致了P3产品不会过于显眼，竞争也不会过于激烈。P3产品策略往往可以起到规避风险的作用，大幅降低广告费用的投放量，也就是变相提高了产品的利润。从市场预测来看，P2、P3的价格相对其他产品来说较为稳定，数量也会逐年增加。采用此策略的企业每一年可以稳固发展，逐渐增加产能，使权益得到提升。从风险上来看，中庸型策略的风险要高于保守型策略而低于激进型策略。此策略基本上可以在比赛全程保持产品上的优势，进可研发P4，追求更多的利润，退可研发P1，避免激烈的竞争。也就是说，中庸型策略使得产品转型的空间较大，能够快速适应市场变化，减少竞争给企业带来的冲击。采用此方案的最大机会在于，如果P4的竞争非常激烈，这样P3产品就可以产生较为理想的利润，同时辅以P2产品的稳定利润，就可以产生"鹬蚌相争，渔翁得利"的效果。由于生产P4产品的企业都已经自顾不暇，所以P3产品一般不会有很多的竞争者，企业只需要牢牢把握住P3的市场份额，稳扎稳打，在保证产品零库存的前提下，合理利用资源，尽量扩大产能，发挥柔性线的灵活性，降低广告费用，使自身保持较高的利润。

3. 劣势

中庸型策略的劣势虽然不像其优势那样明显，但也不可忽视。首先，从中庸型策略的产品组合和生产线来看，虽然比保守型策略更容易取得成功，但是一旦有采用激进型策略的竞争对手成功，中庸型策略是无法追赶的，因为中庸型策略太缺乏爆发力，P3产品虽然利润也较为客观，但是相比P4产品还是稍逊一筹。在产能上，中庸型策略讲究的是基本与市场平均产能持平，这也无法和激进型策略相抗衡。在费用上，中庸型策略虽然比激进型策略低，但激进型策略的销售利润可以抵消这一部分的差距。中庸型策略虽然可以进行转型，但是采取激进型策略成功后取得的优势过大，要让中庸型策略在短时间内赶超是不现实的。其次，中庸型策略的前期优势太明显，反而会转变成劣势。由于市场信息的不对称性，大多数竞争对手都可能采取中庸型战略，从而导致P2、P3市场竞争激烈，需要付出较大的广告投入才能获取订单。这种情况下，中庸型策略只能退而研发P1，这就与拥有P4产品的竞争对手的差距越来越大，最后只能获得比较一般的成绩。

4. 策略要点

首先，顺利获得P2、P3产品订单是中庸型策略成功的必要条件，所以采用中庸型策略最重要的是稳定P2、P3产品的市场占有，力求零库存。其次，在充分分析市场环境的前提下，充分对激进型策略进行研究，初步估计其可行性。在激进行策略可行性较高的情况下，此策略的成功概率更高，因为激进型策略越是可行，其竞争的激烈程度越高。企业的决策者要善于博弈，猜测竞争对手的想法，抓住关键机会，在保持自身相对优势的情况下，向竞争对手发出致命一击。

项目三
运营策略案例分析

上一个项目我们了解了保守型、激进型、中庸型的策略方案，相信同学们对各种策略都已经有所了解和体会。保守型策略稳中求胜，激进型策略一往无前，中庸型策略伺机待发，那么我们在进行策略选择的时候到底选择哪种策略才是最适合的呢？

对于ERP沙盘实训来说，用实际数据说话才是最有说服力的，本项目我们将用实例来给同学们逐一分析各种策略在实战中的表现。

任务①
分析市场环境

任务描述

内容

以下分析以2016年全国职业院校技能大赛为例，本次比赛共有11个小组参加，参加队伍皆来自于在全国沙盘竞赛中的市赛或省赛中成绩突出的学校，我们根据这次比赛的数据进行分析和解读。

要求

1. 分析市场预测表中的数据，掌握市场环境。
2. 分析财务报表，明确各小组采取的经营策略。
3. 深度解读前三年的财务报表，体会各策略的优劣势及对企业长期发展的影响。
4. 掌握不同策略下，各模拟企业所有者权益、费用、资产负债、市场风险等方面的不同。

知识储备

市场环境要结合比赛规则来分析。2016年全国职业院校技能大赛给出的市场预测表见表4-2

和表 4-3。

表 4-2　市场预测表——均价　　　　　　（单位：W）

序　号	年　份	产　品	本　地	区　域	国　内	亚　洲	国　际
1	第 2 年	P1	5.24	5.09	0	0	0
2	第 2 年	P2	6.86	6.86	0	0	0
3	第 2 年	P3	8.44	8.39	0	0	0
4	第 2 年	P4	9.82	0	0	0	0
5	第 3 年	P1	0	5.12	4.96	0	0
6	第 3 年	P2	7	7.04	0	0	0
7	第 3 年	P3	8.41	8.65	8.71	0	0
8	第 3 年	P4	9.67	0	9.77	0	0
9	第 4 年	P1	4.96	5.17	0	5.16	0
10	第 4 年	P2	7.27	0	6.91	6.89	0
11	第 4 年	P3	0	8.52	8.23	0	0
12	第 4 年	P4	9.86	10.54	0	9.83	0
13	第 5 年	P1	5.13	0	0	5	5
14	第 5 年	P2	7.05	7.06	0	7.12	7.06
15	第 5 年	P3	0	8.73	8.88	0	8.81
16	第 5 年	P4	9.93	10.08	10.08	0	10.25
17	第 6 年	P1	0	5.12	0	5.17	5.07
18	第 6 年	P2	7.32	7.06	6.75	0	0
19	第 6 年	P3	8.46	0	8.47	8.65	8.45
20	第 6 年	P4	0	10.65	10.36	0	10.7

表 4-3　市场预测表——需求量　　　　　　（单位：个）

序　号	年　份	产　品	本　地	区　域	国　内	亚　洲	国　际
1	第 2 年	P1	29	23	0	0	0
2	第 2 年	P2	21	21	0	0	0
3	第 2 年	P3	18	18	0	0	0
4	第 2 年	P4	11	0	0	0	0
5	第 3 年	P1	0	26	25	0	0
6	第 3 年	P2	23	24	0	0	0
7	第 3 年	P3	17	17	17	0	0
8	第 3 年	P4	12	0	26	0	0
9	第 4 年	P1	26	24	0	19	0
10	第 4 年	P2	22	0	23	19	0
11	第 4 年	P3	0	25	22	0	0
12	第 4 年	P4	14	13	0	12	0
13	第 5 年	P1	31	0	0	42	18
14	第 5 年	P2	20	18	0	16	16
15	第 5 年	P3	0	15	16	0	16
16	第 5 年	P4	14	12	13	0	8
17	第 6 年	P1	0	17	0	18	15
18	第 6 年	P2	22	17	16	0	0
19	第 6 年	P3	13	0	15	17	11
20	第 6 年	P4	0	17	14	0	10

任务实施

一、开局分析

1. 保守型策略开局

第六组和第八组均采用4条手工线研发P1、P2产品开局，属于完全的保守型策略。

2. 激进型策略开局

第一组采用了8条手工线研发P1、P3开局，在第2年拥有16个产能，属于产能激进策略。

第二组采用了8条手工线研发P1、P2开局，属于产能激进策略。

第三组和第四组采用的是4条手工线研发P1、P2、P3、P4所有产品开局，属于产品激进策略。

第九组采用4条柔性线研发P1、P3、P4开局，属于典型的产品激进策略。

第十组采用的是4条柔性线研发P2、P4产品开局，属于产品激进策略

第十一组采用的是4条柔性线研发P2、P3、P4开局，属于典型的产品激进策略。

3. 中庸型策略开局

第五组采用了4条柔性线研发P1、P2、P3产品开局，属于中庸型策略。

第七组采用4条手工线研发P1、P3产品开局，属于中庸型策略。

可以看出，在面对同样的规则和同样的市场环境，不同的小组会做出不同的选择，不管是选择保守型策略、激进型策略还是中庸型策略，都是在面对市场时选择的具体应对方法。那么，这些策略选择到底可以发挥什么样的作用呢?

二、第1年度分析

通过对第1年度财务报表的分析，可以看到各种策略开局的差异，第1年的费用表和资产负债表见表4-4和表4-5。

表4-4　第1年费用表　　　　　　　　　　　　（单位：W）

用户名	sd01	sd02	sd03	sd04	sd05	sd06	sd07	sd08	sd09	sd10	sd11
管理费	4	4	4	4	4	4	4	4	4	4	4
广告费	0	0	0	0	0	0	0	0	0	0	0
设备维护费	8	8	4	4	0	4	4	4	0	0	0
转产费	0	0	0	0	0	0	0	0	0	0	0
租金	8	8	0	0	4	0	0	0	0	0	0
市场准入开拓	5	5	5	5	5	5	5	5	5	5	5
产品研发	6	5	12	12	9	5	6	7	10	8	11
ISO认证资格	2	2	2	2	2	2	2	2	2	2	2
信息费	0	0	0	0	0	0	0	0	0	0	0
其他	0	0	0	0	0	0	0	0	0	0	0
合计	33	32	27	27	24	20	21	22	21	19	22

表 4-5　第 1 年资产负债表　（单位：W）

用户名	sd01	sd02	sd03	sd04	sd05	sd06	sd07	sd08	sd09	sd10	sd11
类型	系统	系统	系统	系统	系统	系统	系统	系统	系统	系统	系统
现金	42	14	25	18	19	12	40	39	24	15	12
应收款	0	0	0	0	0	0	0	0	0	0	0
在制品	16	16	8	8	0	8	8	8	0	0	0
产成品	0	0	0	0	0	0	0	0	0	0	0
原材料	0	0	0	0	0	0	0	0	0	0	0
流动资产合计	58	30	33	26	19	20	48	47	24	15	12
土地和建筑	0	0	38	38	0	38	38	38	38	38	38
机器与设备	32	32	16	16	0	16	16	16	0	0	0
在建工程	0	0	0	0	80	0	0	0	80	80	80
固定资产合计	32	32	54	54	80	54	54	54	118	118	118
资产总计	90	62	87	80	99	74	102	101	142	133	130
长期负债	0	0	0	0	0	0	0	0	0	0	0
短期负债	58	29	49	42	58	29	58	58	98	87	87
特别贷款	0	0	0	0	0	0	0	0	0	0	0
应交税金	0	0	0	0	0	0	0	0	0	0	0
负债合计	58	29	49	42	58	29	58	58	98	87	87
股东资本	65	65	65	65	65	65	65	65	65	65	65
利润留存	0	0	0	0	0	0	0	0	0	0	0
年度净利	−33	−32	−27	−27	−24	−20	−21	−22	−21	−19	−22
所有者权益合计	32	33	38	38	41	45	44	43	44	46	43
负债和所有者权益总计	90	62	87	80	99	74	102	101	142	133	130

从上表数据中可以很清晰地看出，在没有销售收入的第 1 年，各种策略开局的不同之处：

1. 所有者权益（得分）方面

保守型企业和中庸型企业的所有者权益差距不大，根据选择的不同互有高低。但是激进型企业第 1 年的所有者权益得分比起保守型企业和中庸型企业来说就比较低了，相差在 10 个权益左右。对于产能激进企业和产品激进企业来说，产能激进企业的分要低于产品激进企业。

2. 费用方面

保守型企业的费用明显低于激进型企业和中庸型企业的费用，这是保守型企业最大的优势，成本费用低，竞争小；而激进型和中庸型的企业，往往费用较高，如果不能合理的控制费用风险，就会影响企业资金周转，导致破产。

3. 资产负债方面

保守型企业的资产和负债一般都比较少，激进型企业的资产和负债一般都很多，而中庸型企业一般来说都是资产较多、负债较少。对激进型企业来说，同样的生产线条件下，产能激进企业的资产和负债都要比产品激进企业多。

4. 市场风险方面

激进型企业在面对销售风险时，往往会预留一部分现金来进行下一年的广告投放。在面对资金风险时，产品激进企业往往会选择购买一个厂房，保持第 1 年的权益，第 2 年资金短缺时进行厂房贴现渡过危机；而产能激进企业因为生产设备占用了大量资金，所以往往采用租赁厂房降低资金需求来应对风险。

> **小 贴 士**
>
> 在第1年，企业往往要把资金预算做到第2年第3季度，因为在第2年前面两个季度大部分企业都是没有应收款的，而在后面两个季度如果资金短缺时可以进行应收款贴现操作，缓解资金的短缺，所以同学们在实战的时候要考虑这方面的因素，规避破产风险。

三、第2年度分析

发展到第2年，各种策略的差异逐步显现，各策略的优缺点暴露无遗。第2年的费用表、利润表及资产负债表见表4-6～表4-8。

表4-6　第2年费用表　　　　　　　　（单位：W）

用户名	sd01	sd02	sd03	sd04	sd05	sd06	sd07	sd08	sd09	sd10	sd11
管理费	4	4	4	4	4	4	4	4	4	4	4
广告费	21	12	11	15	15	12	14	12	13	12	12
设备维护费	8	8	7	7	8	8	8	10	8	8	8
转产费	0	0	0	0	0	0	0	0	0	0	0
租金	8	8	4	3	4	4	4	8	0	4	4
市场准入开拓	3	3	3	3	3	3	3	3	3	3	3
产品研发	1	0	2	2	0	0	0	0	1	1	1
ISO 认证资格	2	2	2	2	2	2	2	2	2	2	2
信息费	0	0	0	0	0	0	0	0	0	0	0
其他	0	0	0	0	1	0	4	0	2	0	0
合计	47	37	33	36	37	33	39	39	33	34	34

表4-7　第2年利润表　　　　　　　　（单位：W）

用户名	sd01	sd02	sd03	sd04	sd05	sd06	sd07	sd08	sd09	sd10	sd11
销售收入	111	91	71	77	84	68	86	82	107	79	95
直接成本	48	37	30	33	39	29	38	34	52	37	45
毛利	63	54	41	44	45	39	48	48	55	42	50
综合管理费用	47	37	33	36	37	33	39	39	33	34	34
折旧前利润	16	17	8	8	8	6	9	9	22	8	16
折旧	8	8	4	4	0	4	4	4	0	0	0
支付利息前利润	8	9	4	4	8	2	5	5	22	8	16
财务费用	2	1	4	3	3	1	4	3	9	10	9
税前利润	6	8	0	1	5	1	1	2	13	-2	7
所得税	0	0	0	0	0	0	0	0	0	0	0
净利润	6	8	0	1	5	1	1	2	13	-2	7

表 4-8　第 2 年资产负债表　　　　　　　　　　　　　（单位：W）

用户名	sd01	sd02	sd03	sd04	sd05	sd06	sd07	sd08	sd09	sd10	sd11
类型	系统	系统	系统	系统	系统	系统	系统	系统	系统	系统	系统
现金	16	54	42	30	40	58	52	59	12	6	16
应收款	58	34	18	29	33	34	24	12	39	71	56
在制品	32	20	29	32	16	20	28	25	20	20	20
产成品	0	0	0	0	0	3	0	0	0	5	5
原材料	0	1	1	0	0	0	0	0	0	0	2
流动资产合计	106	109	90	91	89	115	104	96	71	102	99
土地和建筑	0	0	38	38	0	38	38	38	38	0	0
机器与设备	24	24	24	24	80	28	28	36	80	80	80
在建工程	0	0	0	0	0	0	0	0	0	0	0
固定资产合计	24	24	62	62	80	66	66	74	118	80	80
资产总计	130	133	152	153	169	181	170	170	189	182	179
长期负债	34	14	20	24	14	24	14	24	34	22	14
短期负债	58	78	94	90	109	111	111	101	98	116	115
特别贷款	0	0	0	0	0	0	0	0	0	0	0
应交税金	0	0	0	0	0	0	0	0	0	0	0
负债合计	92	92	114	114	123	135	125	125	132	138	129
股东资本	65	65	65	65	65	65	65	65	65	65	65
利润留存	−33	−32	−27	−27	−24	−20	−21	−22	−21	−19	−22
年度净利	6	8	0	1	5	1	1	2	13	−2	7
所有者权益合计	38	41	38	39	46	46	45	45	57	44	50
负债和所有者权益总计	130	133	152	153	169	181	170	170	189	182	179

1. 所有者权益（得分）方面

所有者权益较高的第九组和第十一组，以及较低的第一组、第三组和第四组都采用激进型策略。而处于得分中游的小组大部分采用的都是中庸型和保守型策略。这很直观地说明了不同类型策略在实战中的不同效果。

2. 费用方面

通过纵向比较可以看出费用最低的组之一——第六组属于保守型，而费用最高的第一组属于激进型。通过横向比较还可以看出选择同一种策略类型的企业中，费用控制的水平高低也不同。如第一组和第二组同时属于产能激进型企业，但是第一组的费用远远高于第二组。通过数据分析发现，第一组的费用主要花在了广告费上，而通过对全局的观察，第一组对市场风险的预估过于悲观，所以导致广告费用过高。

3. 资产负债方面

从流动资产方面来说，激进型企业的大部分资金都在生产和销售环节，所以流动资产会高于中庸型和保守型企业。从固定资产来说，产能激进企业因为第 2 年设备折旧等因素使得固定资产比例大幅度下降，资产负债会远远少于采用其他策略的企业。从负债方面来看，由于产能激进企业在第1年的时候费用较高，导致所有者权益较低，所以第2年的负债也低于采用其他策略的企业，而负债最高的企业往往采用产品激进策略。

4. 市场风险方面

从市场预测情况来看，第3年是市场的第一个爆发年。采用激进型策略的企业通常会在第3年迎来第一次爆发，而采用中庸型策略的企业则会在第3年进行第一次转型。同样的，如果采用保守型策略的企业在第3年把握住机会，也可以对市场形成较大的冲击。

小 贴 士

一般来说第2年是比较平稳的一年。这一年大部分企业都能盈利，但是第3年的时候市场会扩大，企业生产产能也会随之提高，这是一个取胜的契机，所以不管是采用何种策略的企业，必须要在第2年做好面对下一年市场风险的准备，不然就会导致产品积压，甚至无利可图。

四、第3年度分析

第3年是关键年，面对新的市场形势，各种策略的表现不尽相同，需要我们采取的应对措施也不同，需要通过得分、费用、资产负债和风险四个方面进行分析。第3年的费用表、利润表及资产负债表见表4-9～表4-11。

表4-9　第3年费用表　　　　　　　（单位：W）

用户名	sd01	sd02	sd03	sd04	sd05	sd06	sd07	sd08	sd09	sd10	sd11
管理费	4	4	4	4	4	4	4	4	4	4	4
广告费	23	16	16	14	22	19	16	19	19	16	20
设备维护费	8	10	7	7	12	8	8	12	8	8	8
转产费	0	0	0	0	0	0	0	0	0	0	0
租金	8	12	4	3	8	4	4	8	0	4	0
市场准入开拓	2	2	2	2	2	2	2	2	2	2	2
产品研发	2	0	0	0	0	0	0	2	0	0	0
ISO认证资格	1	1	1	1	1	1	1	1	1	1	1
信息费	0	0	0	0	0	0	0	0	0	0	0
其他	1	8	10	0	0	0	0	0	0	0	0
合计	49	53	44	31	49	38	35	48	34	35	35

表4-10　第3年利润表　　　　　　　（单位：W）

用户名	sd01	sd02	sd03	sd04	sd05	sd06	sd07	sd08	sd09	sd10	sd11
销售收入	138	116	105	106	132	96	95	134	128	113	147
直接成本	64	47	51	51	58	40	42	57	64	55	72
毛利	74	69	54	55	74	56	53	77	64	58	75
综合管理费用	49	53	44	31	49	38	35	48	34	35	35
折旧前利润	25	16	10	24	25	18	18	29	30	23	40
折旧	8	8	7	7	16	8	8	10	16	16	16
支付利息前利润	17	8	3	17	9	10	10	19	14	7	24
财务费用	8	4	10	11	14	6	7	10	12	13	10
税前利润	9	4	-7	6	-5	4	3	9	2	-6	14
所得税	0	0	0	0	0	0	0	0	0	0	0
净利润	9	4	-7	6	-5	4	3	9	2	-6	14

表 4-11　第 3 年资产负债表　　　　　　　　（单位：W）

用户名	sd01	sd02	sd03	sd04	sd05	sd06	sd07	sd08	sd09	sd10	sd11
类型	系统	系统	系统	系统	系统	系统	系统	系统	系统	系统	系统
现金	62	62	34	49	1	54	69	14	37	9	17
应收款	52	57	18	22	62	49	19	67	61	65	70
在制品	29	25	32	28	28	24	28	36	20	12	20
产成品	0	0	6	8	8	3	8	0	10	20	5
原材料	0	0	0	0	0	0	0	0	0	0	0
流动资产合计	143	144	90	107	99	130	124	117	128	106	112
土地和建筑	0	0	38	38	0	38	38	38	38	0	38
机器与设备	16	24	17	17	80	20	20	34	64	64	64
在建工程	0	0	0	0	0	0	0	0	0	0	0
固定资产合计	16	24	55	55	80	58	58	72	102	64	102
资产总计	159	168	145	162	179	188	182	189	230	170	214
长期负债	54	34	20	24	24	24	24	34	73	22	34
短期负债	58	89	94	93	114	114	110	101	98	110	116
特别贷款	0	0	0	0	0	0	0	0	0	0	0
应交税金	0	0	0	0	0	0	0	0	0	0	0
负债合计	112	123	114	117	138	138	134	135	171	132	150
股东资本	65	65	65	65	65	65	65	65	65	65	65
利润留存	−27	−24	−27	−26	−19	−19	−20	−20	−8	−21	−15
年度净利	9	4	−7	6	−5	4	3	9	2	−6	14
所有者权益合计	47	45	31	45	41	50	48	54	59	38	64
负债和所有者权益总计	159	168	145	162	179	188	182	189	230	170	214

1. 所有者权益（得分）方面

在第 2 年得分比较高的第十一组依然保持了自己产品激进策略的优势，在发展高端产品的情况下得到了最大化的利润，得分最高。得分相对较高的第八组是采用保守型策略的企业，在面对市场冲击时，保守型企业基本上能保证自己的利润稳步上升。同样为保守型企业的第六组基本上和第八组保持一致，但第八组在第 2 年的时候比第六组多研发了 P3 产品，成功把握住了第 3 年的机会，和第六组拉开了差距。相比较起来，利润为负的第三组属于产能激进型企业，第十组属于产品激进型企业，两个企业在第 3 年的时候都没能正确应对市场风险，库存积压较高，利润为负，得分较低。

2. 费用方面

费用最高的依然是产能激进企业，第一组充分体现了产品激进企业的高费用、高利润的特点。在第 3 年产生了 49W 综合费用的情况下，利润达到了 9W，创造的利润排在第 3 年的第二位。同样是采取产能激进策略的第二组虽然和第一组大致相同，但是因为这一年里面产生了紧急采购和违约的状况，企业运作情况不佳，利润比起第一组整整少了 5W。费用最低的依然是保守型企业。

3. 资产负债方面

从资产方面来看，在这一年里，保守型企业、中庸型企业和产品激进企业均开始提高自己的产能，所以固定资产开始增加。而产能激进企业在第 3 年是不可能有资金来进行固定资产投资的，而且在第3年里前期投资的生产设备开始折旧，所以产能激进企业的资产将在第3年达到最低点。从负债方面来看，权益越高的企业负债就会越多，充分利用高权益带来的高额贷款投资产品和设备，是企业运营中制胜的关键。

4. 市场风险方面

第3年是风险和机遇并存的一年，把握机遇，规避风险，就能得到好的收益，如第十一组、第八组。不能把握住机遇，就会迎来风险，使企业陷入低谷，如第三组、第十组。

> **小 贴 士**
>
> 第3年是利润快速增长的关键年份。在实战中，同学们一定要密切关注对手的动向，认真分析市场情况，合理改变自己的销售策略和生产策略，力争在市场竞争中达到利润最大化。如果在第3年的经营中落后了，那么想要在以后的年份中再迎头赶上将会面临很大的困难。

任务拓展

1. 对企业经营"三表"（费用表、利润表、资产负债表）进行分析，研判竞争对手的动向和思路。

2. 分析各种不同策略在市场上所面对的机遇和挑战。

任务②
分析策略实例要点

任务描述

内容

经营策略要靠实践来进行检验。在实践的过程中，我们会遇到很多与预先制订的策略规划冲突的问题。所以不管我们选择何种类型的策略，在决策过程中一定要有一个总体目标，比如企业目标是第3年进入P4市场，第4年建立4条生产线，第5年所有产品研发完成，第6年拥有12条生产线等，那么在此目标的指引下，在遇到实际情况和假设前提不一致时，为了能够完成总体目标，那么就应及时调整策略的具体内容。同时，在实际操作过程中需要注意稳固资金链，控制市场风险，并合理调整心态。

要求

1. 熟练掌握市场分析以及竞争对手分析的方法与技巧。
2. 明确各战略实施过程中的要点与难点。

知识储备

一、稳固资金链

资金是企业的生存之本。在实际运营过程中，企业一定要有极强的资金把控能力，比如第2年第3季度在贷款后依然有资金缺口，那么解决资金缺口的方法就是厂房贴现或者应收款贴现。只有计算出具体的资金短缺数额并且找到应对方法，策略才能够顺利地实施，如果在策略规划中没有对这一资金缺口进行预防，那么到了实际运营过程中就会对经营造成极大的影响，使得策略得不到落实，甚至导致企业破产。

二、控制市场风险

市场风险是一个非常难以评估的环节，也是ERP沙盘模拟企业经营中最为核心的一个控制环节，只有销售了产品，才能盘活资金，有活动的资金，才能去完成本企业的策略规划。在实际经营过程中，控制市场风险的最好办法就是合理利用软件提供的间谍功能，密切关注竞争对手的经营情况，重视市场竞争的主要环节。控制好风险，才能使得自己制订的策略能够一步一步地落实，实现最终的目标，否则就是纸上谈兵。

三、合理调整心态

研究发现，经营决策者的心态问题也至关重要，能否在各种环境下保持冷静客观地思考也是影响成败的关键因素之一。众多成败的例子告诉我们，在ERP沙盘模拟企业经营比赛中，保持冷静，直面困境，最后夺得第一并不是不可能的；同时，被一时的优势冲昏了头脑最后导致失败的情况更是不胜枚举。所以，合理调整心态，积极应对困难，也是参赛者必须要注意的地方。

任务实施

（1）在实施过程中要不断地使用我们上一任务所学习到的方法分析市场，分析对手。

（2）根据分析的结果不断调整自己的资金方案，及时、客观地评估市场风险。

（3）对几种策略前三年的实际运营效果作了一个简单分析，并对在实际过程中如何达到战略目标作了简单说明。

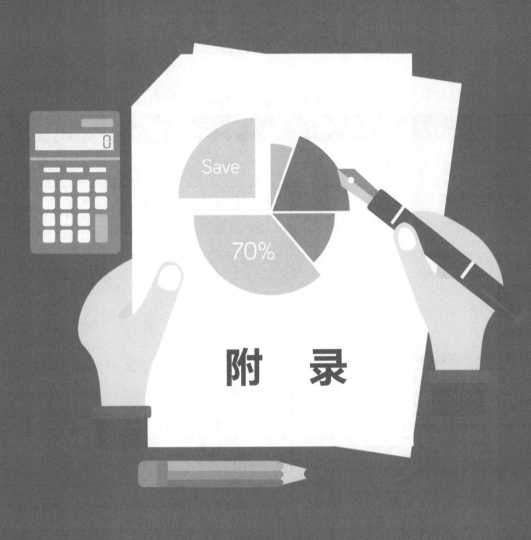

附　录

附录 A　沙盘模拟企业经营过程记录表

表 A-1　第＿＿＿年年度预算表

具体操作内容	第 1 季	第 2 季	第 3 季	第 4 季
年初现金盘点				
申请长期贷款				
季初现金盘点（请填余额）				
更新短期贷款／还本付息				
更新生产／完工入库				
生产线完工				
申请短期贷款				
更新原材料库（购买到期的原材料，更新在途原材料）				
订购原材料				
购租厂房（选择厂房类型，选择购买或租赁）				
新建生产线（选择生产线类型及生产产品种类）				
在建生产线（生产线第 2、3、4 期的投资）				
生产线转产（选择转产产品种类）				
出售生产线				
开始下一批生产（空置的生产线开始新一轮生产）				
更新应收款（输入从应收款 1 期更新到现金库的金额）				
按订单交货				
厂房处理				
产品研发投资				
支付管理费				
新市场开拓				
ISO 资格认证投资				
支付设备维修费				
计提折旧				（　　　）
违约扣款				
紧急采购（随时进行）				
出售库存（随时进行）				
应收款贴现（随时进行）				
贴息（随时进行）				
其他现金收支情况登记（根据需要填写）				
期末现金对账（请填余额）				

表 A-2 订单登记表

市 场										
产 品										
数 量										
交 货 期										
应收款账期										
销 售 额										
成 本										
毛 利										

表 A-3 产品核算统计表

	P1	P2	P3	P4	P5	合计
数 量						
销 售 额						
成 本						
毛 利						

表 A-4 综合费用表

项 目	金额（W）	备 注
管理费		
广告费		
设备维护费		
租金		
转产费		
市场准入开拓		□本地　　　□区域　　　□国内　　　□亚洲　　　□国际
ISO 资格认证		□ ISO 9000　　□ ISO 14000
产品研发费		P1（ ）　　P2（ ）　　P3（ ）　　P4（ ）　P5（ ）
信息费		
其他		
合计		

表A-5　利润表　　　　　　　　　　　　　　　　　　　　（单位：W）

项　目	本　年　数
销售收入	
直接成本	
毛利	
综合管理费用	
折旧前利润	
折旧	
支付利息前利润	
财务费用（利息＋贴息）	
税前利润	
所得税	
净利润	

表A-6　资产负债表　　　　　　　　　　　　　　　　　　（单位：W）

资　产	期　初　数	期　末　数	负债和所有者权益	期　初　数	期　末　数
流动资产：			负债：		
现金			长期负债		
应收款			短期负债		
在制品			应付账款		
产成品			应交税金		
原材料			一年内到期的长期负债		
流动资产合计			负债合计		
固定资产：			所有者权益：		
土地和建筑			股东资本		
机器与设备			利润留存		
在建工程			年度净利		
固定资产合计			所有者权益合计		
资产总计			负债和所有者权益总计